LISA STEADMAN

MULHERES PODEROSAS NÃO CHORAM

COMO DESCOBRIR O QUE DEU ERRADO
NO SEU RELACIONAMENTO E O QUE FAZER
PARA ENCONTRAR A SUA FELICIDADE

Editora
Marília Chaves

Editora de Produção Editorial
Rosângela de Araujo Pinheiro Barbosa

Controle de Produção
Fábio Esteves

Tradução
Bete Torii

Preparação de Texto
Ellen Barros de Souza

Projeto Gráfico
Neide Siqueira

Editoração
Join Bureau

Revisão
Salete Milanesi Brentan

Capa
Pedro Henrique de Oliveira

Impressão
Mark Press Brasil

Título original: *If he's not the one, who is?*
Copyright © 2012 by Lisa Steadman
Todos os direitos reservados. Esta tradução foi publicada sob licença.
Copyright da edição brasileira © 2013 by Editora Gente.
Rua Pedro Soares de Almeida, 114
São Paulo, SP – CEP 05029-030
Telefone: (11) 3670-2500
Site: http://www.editoragente.com.br
E-mail: gente@editoragente.com.br

Dados Internacionais de Catalogação na Publicação (CIP)
(Câmara Brasileira do Livro, SP, Brasil)

Steadman, Lisa

    A fila anda! Mulheres poderosas não choram : como descobrir o que deu errado no seu relacionamento e o que fazer para encontrar a sua felicidade / Lisa Steadman ; tradução Bete Torii. – São Paulo : Editora Gente, 2013.

    Título original: *If he's not the one, who is?*
    ISBN 978-85-7312-834-5

    1. Homem-mulher – Relacionamento 2. Mulheres solteiras – Psicologia 3. Namoro 4. Relações interpessoais I. Título.

13-02034

CDD-158.25

Índices para catálogo sistemático:
1. Relacionamentos amorosos : Psicologia
aplicada   158.25

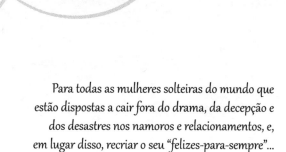

Para todas as mulheres solteiras do mundo que estão dispostas a cair fora do drama, da decepção e dos desastres nos namoros e relacionamentos, e, em lugar disso, recriar o seu "felizes-para-sempre"...

Hoje é o seu dia.
Ao seu sucesso!
Beijos e abraços,

Lisa

Agradecimentos

Este livro não existiria sem o amor, o apoio e a dedicação de muitas pessoas. Muitos agradecimentos à minha fabulosa editora Chelsea King, à minha incrível agente Sharlene Martin, minha fenomenal *coach* Gina Tatliffe, minha assistente nota 10 Laura Manning e às mulheres incríveis com quem trabalho na minha prática de *coaching*. Obrigada a todas vocês por tornarem este livro possível e significativo!

E a todas as pessoas da minha vida que me apoiam pessoalmente... meus pais, minha irmã Staci, meus *incríveis* amigos. Obrigada por fazerem parte da minha *Tripulação Uhuu!* E, é claro, ao meu melhor amigo no mundo, meu marido Luis. A partir do momento em que nos conhecemos, você percebeu qual era a minha, quem eu realmente sou e aonde queria ir nesta vida. Esta jornada juntos tem sido interessante, aventurosa e sempre cheia de surpresas. Eu amo, admiro e adoro você!

Sumário

Prefácio ... 9

Antes de começar... ... 13

Capítulo 1 O Sr. Errado não era o cara certo
(e isso é bom!) ... 15

Capítulo 2 O melhor erro que você vai cometer na vida ... 27

Capítulo 3 Um *não* é o mais solitário dos números ... 39

Capítulo 4 Contos de fadas se realizam, sim
(e outras mentiras que sua mãe lhe contou) ... 51

Capítulo 5	Presa, presa, solta!	61
Capítulo 6	A pergunta de um milhão de dólares	75
Capítulo 7	Não fique atrás da Sra. ou Srta. Jones	87
Capítulo 8	Um ex marca o terreno	97
Capítulo 9	Por que, realmente, você ainda está solteira?	107
Capítulo 10	Não seja "aquele tipo de garota": *personas* que podem sabotar o seu sucesso	117
Capítulo 11	Homens que se comportam mal: os caras com quem você não precisa sair	127
Capítulo 12	E então você acha que está pronta para um relacionamento...	139
Capítulo 13	As novas regras do namoro	155
Capítulo 14	Os segredos da marcação (de encontros!)	167
Capítulo 15	As leis da atração	177
Capítulo 16	Sr. Próximo ou Sr. Certo?	187
Conclusão		199

Prefácio

E *stou solteira. De novo. Estou com 32 anos e solteira de novo.*
Pronto, confessei meus piores pecados.
Espere. *Estou com 32 e solteira de novo, e me sinto um fracasso total no amor.*

Essa era a dura verdade amorosa. E doía. Corria o ano de 2003. Enquanto minhas melhores amigas estavam todas estabelecidas ou se estabelecendo com seus maridos irritantemente adoráveis, eu não estava nem perto da estrada que leva ao "felizes para sempre".

E será que isso ainda era o que eu queria? Sinceramente, eu não sabia. O que eu sabia é que embora eu já tivesse saído do modo sobrevivência que fora ativado após o Grande Rompimento com o Sr. Ex – uma trajetória que depois relatei em crônica na internet e no meu primeiro livro *It's a breakup, not a breakdown* (em tradução livre: É uma separação, não um colapso), eu não tinha muita certeza de qual era a minha nova direção. O Sr. Errado tinha ido embora. E também tinha ido o sofrimento esmagador de esquecê-lo. Em algum ponto entre a nossa última recaída e o momento em que deletei seu número do meu celular, eu me senti solteira de novo.

Quer saber se eu me sentia livre e solta? Certamente. Mas com essa liberdade recuperada vieram algumas duras realidades. Sem a dor do rompimento a me fazer companhia, eu me sentia meio perdida. Vazia. Sozinha. Na verdade eu tinha *saudade* de sentir falta do meu ex.

E não era só isso.

Para ser inteiramente sincera comigo mesma, eu estava começando a me sentir um fracasso no amor. Afinal, o Grande Rompimento não tinha sido meu primeiro rompimento. Foi um entre vários relacionamentos desastrosos que tive ao longo dos meus 20 e início dos 30 anos – que pareciam ser meu próprio *reality show* adequadamente intitulado *Fracasso no Amor... de novo!* E, como se fosse uma deixa do programa, aos trinta e dois eu estava começando do zero. Mais uma vez.

Estava morando sozinha. De novo.

Não levava acompanhante nas festas. De novo.

Enfrentava a decepção de ver que o Sr. Errado não era o Homem Certo. De novo.

Foi então que a grande, gorda e fabulosa verdade golpeou o alto da minha cabeça bela e solteira.

Eu estava livre para me reinventar. Foi aí que a diversão começou *de fato*.

Quando me dei a permissão de abandonar qualquer estigma que eu sentisse por ser o símbolo da garota solteira nas festinhas...

Quando aceitei a ideia de que minha jornada feliz-para-sempre talvez não envolvesse aliança, cerimônia e recepção, e/ou o ruído de pezinhos saltitando (fora o dos meus dois gatos)...

Quando acordei para a bela verdade de que por ser solteira eu podia ser egoisticamente indulgente, sair do meu emprego, mudar de carreira e, em suma, seguir a vida com que sempre sonhei, percebi que eu não só estava com 32 anos e solteira – de novo –, mas também estava pronta para agitar POR INTEIRO minha fabulosa vida de solteira.

Eu, Lisa Steadman, sairia com um monte de homens tremendamente interessantes e diferentes (e fiz isso).

Eu, Lisa Steadman, viveria minha vida de acordo com meu próprio livro de regras em permanente evolução (às vezes, deixando de lado as regras totalmente).

Eu, Lisa Steadman, assumiria riscos, pediria o que quisesse e confiaria que o universo tomaria conta de mim (99% das vezes, tomou).

E...

Eu, Lisa Steadman, nunca, jamais, me colocaria de novo na posição de chorar pelo cara errado (e não me coloquei).

No fim das contas, eu *encontrei* um homem excepcionalmente interessante e irritantemente adorável. E, embora minha jornada feliz-para-sempre tenha evoluído de forma a incluir uma elegante entrada de noiva pela nave, fiz isso nos meus próprios termos.

Eu me dei meus próprios anéis de noivado e casamento (heranças de família que prezo muito).

Mantive meu nome (se ele não está quebrado, para que consertar?)

E a noiva usou vermelho (eu estava FANTÁSTICA!).

E quanto ao ruído de pezinhos, bem, isso não mudou. Em casa, nossos dois gatos ainda são donos do pedaço, mas quem sabe?

O que sei é que se você está em algum ponto entre a dor do passado e seu futuro de feliz-para-sempre, este livro é para você. Pouco importa sua idade, se você está solteira – de novo ou pela primeira vez –, este livro é para você. Juntas, vamos nos afastar da agridoce verdade de que o Sr. Errado não era o Homem Certo, rumo ao seu magnífico futuro. Um futuro que não apenas inclui o Sr. Próximo, mas também a leva em uma jornada em direção a sua própria versão de feliz-para-sempre, o que quer que isso signifique para você.

Talvez você decida ficar bela e solteira para sempre.

Talvez você também saia com homens tremendamente interessantes e diferentes até encontrar seu par perfeito (também chamado de Sr. Homem Certo).

Talvez você um dia entre pomposamente com seu vestido elegante pela ala central, diga "Sim" e se delicie com ruídos de pezinhos no piso de madeira.

Qualquer que seja o destino final, vamos agitar juntas a sua nova jornada fabulosa de solteira. Primeiro, vamos romper com tudo que está segurando você (ou as coisas do passado às quais você se segura). Depois, vamos acordar para o que é possível, agora que o Sr. Errado foi embora. Começando pela reinvenção de sua vida de solteira esperta e pelo abandono de padrões e comportamentos antigos que podem estar sabotando o sucesso dos seus relacionamentos e entendendo que garotos devem ser evitados no cenário de paquera, você vai dominar a arte de não só acordar para sua vida nova e melhor, mas também de se aproximar de sua destinação feliz-para-sempre revisada. Ao longo do caminho, você encontrará uma variedade de Srs. Próximos da Fila interessantes e disponíveis, mas não vai entregar seu coração tolamente a qualquer um. Em vez disso, vai aplicar as valiosas lições aprendidas e, no tempo certo, aparecerá o Sr. Homem Certo. Então, e só então, você lhe oferecerá a chave do seu coração curado e dirá "Sim" para o fantástico futuro que a aguarda.

Este livro não é exatamente a tentativa de responder *Quem virá a seguir?* (embora você possa descobrir isso ao longo do caminho. Mais importante do que isso, esta é uma jornada animadora e transformadora em direção à revelação de *O que virá a seguir?*

Se você estiver a fim do desafio, eu estou animada para ser sua guia. Vamos começar!

Antes de começar...

A ntes de embarcarmos nesta jornada juntas, quero ter certeza de que estamos de acordo em relação a uma coisa muito importante. Enquanto estiver avançando passos em direção ao seu novo e aperfeiçoado destino feliz-para-sempre, você vai conhecer e sair com uma variedade de homens interessantes, inteligentes e disponíveis. A sua função é simplesmente relaxar, conhecê-los melhor e decidir se gostaria de encontrá-los de novo. (É simples assim, mesmo!) Para tornar o seu serviço mais fácil ainda, vamos definir os tipos de homem que você vai conhecer:

Sr. Próximo: qualquer cara com quem você sair que mostre ter potencial. Você pode sair com o Sr. Próximo por quanto tempo quiser, até perceber que ele não combina com você e com seus objetivos quanto a um relacionamento de longo prazo. Nesse ponto, cabe a você pôr um ponto final, reduzindo o tempo perdido nas trincheiras do namoro (para os dois). Para simplificar sua vida, é importante evitar ser cegada por seu "potencial" e/ou pela química física que você sente por ele. No lugar disso, mantenha sua visão nítida. Permaneça fiel ao seu objetivo final, qualquer que seja ele. Se o objetivo for chegar ao Sr. Homem Certo, você tem a obrigação, perante seu futuro, de evitar ser desviada pelo Sr. Próximo.

Sr. Certo: um cara indefinível, mas muito merecedor da espera, que pode ser seu parceiro perfeito. Longe de ser o Sr. Perfeito, o Príncipe Encantado ou O Homem Prometido, o que torna esse homem certo para você é que vocês compartilham os mesmos valores e os mesmos objetivos em relação a relacionamentos de longo prazo, e estão igualmente interessados e disponíveis para se comprometer mutuamente.

P.S.: Você muito provavelmente vai conhecer e namorar muitos Srs. Próximos antes de encontrar o Sr. Certo. Isso faz parte da diversão de sua nova jornada. Seguindo por esse caminho, você terá a ocasião de praticar o flerte, o namoro e a diversão com uma variedade de homens, até que apareça aquele que é o certo para você. Uhuuu!

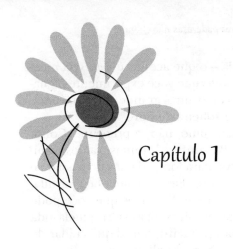

Capítulo 1

O Sr. Errado não era o cara certo (e isso é bom!)

Din-dom, *o Sr. Errado se foi!* E aqui está você, bela, solteira, e pronta para agitar o resto da sua vida incrível. Agora que o rompimento já passou, provavelmente você vê as coisas com mais clareza. Não apenas o Sr. Ex NÃO era o Certo, mas, à medida que o tempo passa, você está provavelmente começando a ver quanto ele era errado para você. Quando estava com ele, talvez você não se sentisse livre para ser inteiramente autêntica. Ou, talvez, cuidar de todas as vontades, necessidades e reclamações dele impedisse você de se dedicar às suas próprias paixões. Ou simplesmente você tinha crescido mais do que ele e não sabia como se desligar até recentemente.

É claro que não é só porque você sabe, lá no íntimo, que seu ex não era a pessoa certa para você que você se sente totalmente livre, leve e solta neste momento. Na verdade, por mais maluco que possa parecer, você pode até ter saudade de *sentir falta* do seu ex. Ainda que a dor, a decepção e a perda contra as quais você se aconchegava durante a recuperação do rompimento não fossem exatamente divertidas, eram confortáveis e familiares. Sem isso, onde você vai parar? Essa é a coisa sobre a qual ninguém fala – o que acontece *depois* da recuperação de um rompimento e *antes* que você experimente plenamente seu incrível futuro. É como uma grande área cinzenta, também conhecida como "estar solteira de novo".

Se você está se sentindo sem rumo, não se preocupe. Considere este livro (e eu) o seu GPS confiável. Juntas, vamos caminhar passo a passo, curva a curva, para longe da dor do passado e rumo ao seu belo e brilhante futuro. Para dar uma boa partida, este capítulo trata das coisas ótimas e divertidas que você pode ter como expectativa, agora que está livre para viver aquela vida autêntica com que sonhou. Mas, primeiro, temos que cuidar de alguns itens. Especificamente, é hora de olhar frente a frente e liberar todos os estigmas, medos e/ou estresses que você carrega, em consequência de olhar para trás para as cinzas quentes do seu último relacionamento, ou de olhar fixamente para o seu futuro incerto de solteirice.

Destinação desconhecida

Na introdução deste livro, eu lhe contei que seu futuro incrível ainda existe. E existe mesmo. Mas após o fim do seu último relacionamento, você pode estar pensando o que exatamente esse futuro tem guardado. Talvez o plano de vida em cuja direção você trabalhou (casar até os trinta, ter bebê aos trinta e dois, criar um ninho de amor naquela casa de sonho para sua família em crescimento, e assim por diante) tenha recentemente explodido em pedacinhos. Talvez você se sinta tão fora do rumo agora que tem certeza de nem estar no mesmo mapa. Há inúmeros cenários que podem deixá-la se sentindo assim: talvez você esteja temporariamente sem casa, após ter morado com seu ex durante anos (agradeçamos a Deus pelas melhores amigas com quarto de hóspedes); talvez esteja engolindo o orgulho a despeito do fato de que seu ex já passou para um próximo relacionamento, enquanto você ainda chora por ele em algumas noites de sábado; ou talvez acorde, vire-se e perceba que dormir sozinha ainda é uma experiência muito nova e esquisita para você. Não importa onde você esteja no âmbito do *onde você estava versus* o *aonde você vai*, vamos chegar lá juntas.

Amigas do Facebook participam

Quando perguntei no Facebook *"Qual foi a pior parte do estar solteira de novo, depois do seu rompimento ou divórcio?"*, eis o que algumas das minhas amigas geniais disseram...

"Calcular como coexistiríamos, tendo amigos em comum e a mesma carreira." – ROTEM

"Imaginar quanto tempo eu levaria para achar outra cara-metade." – RAMONA

"Depois do primeiro rompimento, foi manter meus compromissos direitinho. Depois que meu relacionamento seguinte terminou, foi lidar com a perda dos amigos *dele* e morar na mesma cidade." – JENNIFER

"Não ter aquela cara-metade na qual se apoiar nos dias difíceis. Ir aos eventos sozinha, especialmente a casamentos, em que a maioria das pessoas tem um par." – AMY

"Ter aquela pessoa que me ligava antes que eu saísse do trabalho para saber a que horas eu ia voltar e o que ia querer para jantar. Sim, ele cozinhava para mim! Isso foi difícil de perder." – L. J. MAGGIE

Embora você possa se sentir um pouco como uma alienígena em seu novo ambiente, não se preocupe. Você não está sozinha. Existem milhões de mulheres como você que pensaram que sua vida estava indo em uma direção e, em vez disso, acordaram um dia e viram que tudo tinha virado de cabeça para baixo. A vida tal como era deixou de existir para elas. Desde rompimentos e fins de caso a divórcios e brigas de custódia, elas passaram a se ver de pé sobre as próprias pernas em um mundo deserto, pela primeira (ou enésima) vez na vida, e a se fazer perguntas que podem ser as suas perguntas...

Como foi chegar aqui?
Quem sou eu?
O que faço agora?

18   *A fila anda! Mulheres poderosas não choram*

E sabe de uma coisa? Tal como essas outras mulheres incríveis, que já caminharam nesses instáveis, mas fabulosos, trajetos antes, você vai sobreviver. Mais que isso – vai florescer! Você só precisa exercitar um pouco de reinvenção. À guisa de inspiração, compartilharei algumas histórias incríveis de reinvenção ao longo deste livro. Das cinzas mornas de uma vida que não mais lhes servia, mulheres incríveis como você se levantaram, sacudiram a poeira e encontraram um futuro melhor. Você também encontrará.

Mas vamos começar do começo. Antes que sua reinvenção bacana possa começar, vamos lidar com o que você pode ainda estar segurando do seu passado. Colocarei a seguir algumas das armadilhas mais comuns que deixam as mulheres firmemente obcecadas pelo passado, em vez de se interessarem por seu incrível futuro. Veja quais armadilhas ressoam mais para você.

Direto dos *arquivos das mulheres destemidas...*

"A parte mais difícil é sentir o luto da ilusão. *O que poderia ter sido.* O sentimento de *não devia ser deste jeito* é esmagador, às vezes. Eu posso viver sozinha muito bem, já fiz isso antes e gosto de estar comigo. Mas tenho saudade dos 'bons dias' do relacionamento e do que *poderia ter sido.*" – *Marge*

Armadilha nº 1:
Você está empacada no que *Poderia Ter Sido*

Você fica acordada à noite pensando sobre "o que poderia ter sido"? É perseguida pela decepção em relação ao que o seu futuro poderia ter sido, embora isso nunca tivesse se materializado? Se estiver balançando a cabeça em um *sim*, agora, entendo bem. Eu já estive no seu lugar, assim como muitas outras como você. Sendo mulheres, somos genética e socialmente programadas para querermos certas coisas. Um lar, alguém para amar, possivelmente uma família. Quando um relacionamento acaba, é como se uma parte de nossa alma morresse. A decepção em

O Sr. Errado não era o cara certo (e isso é bom!)

relação a nós mesmas e a nossa incapacidade de fazer o amor funcionar podem reprimir qualquer esperança de passar para um futuro maravilhoso.

Mas adivinhe! É hora de diminuir o volume dessa dor e decepção. É hora de aceitar que – por qualquer razão que tenha sido – as coisas não deram certo. Você fez o melhor que podia. Na verdade, fez mais do que tinha de fazer para garantir o sucesso do relacionamento. Você não precisa saber por que a relação terminou para seguir em frente. Mas tem de se dar permissão para parar de ficar olhando para trás, parar de ficar obcecada com "o que poderia ter sido" e, em lugar disso, enxergar suas circunstâncias presentes, liberando-se para caminhar passo a passo para aquele futuro magnífico. (Por enquanto, continue a ler).

············ *Famosas que se reinventaram* ············

Dê uma olhada em algumas das mulheres maravilhosas que foram forçadas a se reinventar depois que a vida lhes deu um ou dois chapéus:

Halle Berry
Depois de dois casamentos fracassados, essa estrela de primeira grandeza iluminou sua própria trilha, arrebatando um Oscar de Melhor Atriz (o primeiro entregue a uma mulher afro-americana), tornando-se mãe de Nahla, sua adorável filha, e redefinindo o que o amor significa para ela: "Nunca mais quero ser casada... Não sinto mais a necessidade de ser a esposa de alguém. Não sinto que eu precise ser validada por manter um casamento". Daqui da plateia, parece que Halle está aperfeiçoando seu papel vencedor – como ela própria!

Arianna Huffington
Depois de se divorciar de seu marido (que tinha uma posição política conservadora) publicamente e de forma dolorosa, Arianna mudou de área política, criou o *The Huffington Post* e inspira mulheres do mundo todo com sua coragem, suas convicções e sua classe: "O destemor é como um músculo. Sei, a partir da minha própria vida, que quanto mais eu o exercito, mais natural se torna não deixar meus medos me conduzirem". Dia amém a isso, mulher!

Ellen DeGeneres
Nos anos 1990, Ellen desfrutava de enorme popularidade com sua série de TV. Depois de anunciar que era gay, seu programa foi cancelado, ela quase caiu no esquecimento e isso poderia ter sido o fim da história. Uma década

mais tarde, ela está de novo no topo com seu famoso programa diurno de entrevistas, contratos publicitários e popularidade nas alturas. Um verdadeiro testemunho do poder que tem o perseverar, acreditar em si mesma e dançar a própria música!

Elizabeth Gilbert

Cambaleante por conta de um divórcio arrasador, Elizabeth trocou a vida em Nova York por um ano de viagem solitária, passando um tempo comendo na Itália, orando em um *ashram* na Índia e aprendendo a amar de novo em Bali. Ela relatou suas aventuras em *Comer, Rezar, Amar*, uma história primorosa, excruciante e inspiradora de recuperação e renovação.

Armadilha nº 2:
Você se sente um fracasso no amor

Quando relembra relacionamentos passados e vê que os dois únicos fatores em comum entre eles são você e o fato de que o relacionamento acabou, é fácil você cair na hipótese falsa de que deve ser um fracasso no amor. E embora seja verdade que você participou de cada um desses relacionamentos no passado, também é verdade que havia alguma coisa em cada um deles que dava certo para você na época (e talvez tenha parado de funcionar). Em algum nível (emocional, espiritual, sexual e assim por diante), você obtinha algo dele. E ficou no relacionamento porque essa necessidade estava sendo preenchida.

Direto dos *arquivos das mulheres destemidas*...

"A parte mais difícil de estar solteira de novo foi perceber que eu tinha sido solteira o tempo todo. Eu estava em um relacionamento unilateral em que a outra pessoa obtinha todas as suas necessidades, enquanto eu não tinha nenhuma das minhas atendidas. Era esgotante, frustrante e deprimente." – *Tamika*

Em retrospectiva, é fácil olhar para trás e ficar se perguntando por que você ficou tanto tempo naquele relacionamento. Também é fácil começar a se recriminar por perder tempo e fazer escolhas ruins. Se você está se sentindo um fracasso no amor neste momento, pare. Vamos dar um beliscão no seu raciocínio.

Primeiro: não é seguro admitir que todos os homens e todas as mulheres à sua volta (amigos, parentes, colegas de trabalho, conhecidos), que tenham mais de 30 anos, já tiveram pelo menos um par (ou um punhado) de relacionamentos no decorrer da vida?

Se isso for verdade – e é –, não significa que, com exceção do relacionamento em que estão agora (se estiverem), todos aqueles relacionamentos passados acabaram?

A única resposta lógica é sim.

Portanto, você não diria que todas essas pessoas, em vez de serem fracassados no amor, são alunos no jogo do amor, que vão aprendendo as lições, progredindo e jogando melhor à medida que seguem? A maior parte de nós não "faz direito" da primeira vez, e há 99% de chance de a gente não se estabelecer, casar e passar o resto da vida com a primeira pessoa com quem namorou. De fato, ao sair com uma variedade de pessoas e ao iniciar e terminar vários relacionamentos, realmente descobrimos mais sobre nós mesmos e quem poderia ser a pessoa certa para nós.

> **Direto dos *arquivos das mulheres destemidas...***
>
> "Namorei esse homem, terminando e reatando, por dezessete anos. Moramos a 100 quilômetros de distância um do outro por dezessete anos. Eu o namorava e queria desesperadamente casar e constituir um lar com ele. Foi mais ou menos como perseguir um sonho que nunca consegui alcançar. Havia sempre uma razão ou alguma coisa acontecendo, alguma desculpa para não podermos casar e juntar nossas coisas. Terminei definitivamente com ele há alguns meses e tenho feito a escolha diária de não voltar. Não posso deixar de sentir que perdi tempo demais com ele e agora estou pagando por isso." – *Jean*

Você está começando a ver que a única opção realista, no que se refere a namoro e relacionamentos, é acatar a ideia de que se trata de um jogo dos números e, portanto, para ter um bom resultado, você tem de lidar com os números, isto é, sair com vários antes de se estabelecer?

A resposta é, simplesmente, sim.

Sejamos claras. Você não é um fracasso no amor. Você, minha fantástica amiga, está em uma jornada, e seu único compromisso é prestar atenção, aprender suas lições e aplicá-las no seu futuro. Ao seguir em frente, caso aplique corretamente as lições que aprendeu ou está aprendendo com seus relacionamentos passados, você nunca mais repetirá os mesmos problemas, padrões e erros. Na verdade, se aplicar o princípio da personagem de conto de fadas Cachinhos Dourados ao seu próximo relacionamento, aprendendo com o que funcionou e deixou de funcionar no passado, você pode até mesmo "fazer certinho" da próxima vez!

Armadilha nº 3:
Você acha que perdeu tempo no relacionamento

Quando olha no espelho retrovisor do seu último relacionamento, você:

A. Quer se estapear por ter ficado tanto tempo?
B. Sente que perdeu semanas, meses ou anos de sua vida que nunca vai recuperar?
C. Preocupa-se pensando que seu ex ainda tem tempo para conseguir tudo que queria, mas para você é tarde demais?
D. Todas as anteriores.

Quer você escolha A, B, C ou D, a boa nova é que nunca é tarde para ser sincera consigo mesma. Você ficou mais do que devia em um relacionamento errado? Pode ser. Mas, apesar disso, você provavelmente aprendeu algumas lições. Você pode recuperar aquelas semanas, meses ou anos que classificou de perdidos? Literalmente, não; mas, cosmicamente, sim. Como? Aprendendo suas lições, prometendo nunca mais repetir padrões e hábitos que já não funcionam para você, e permanecendo consistentemente comprometida com o seu maravilhoso futuro. Se você se comprometer com um futuro bem-sucedido, nunca mais perderá tempo com o cara errado.

Quanto ao seu ex e o que o futuro guarda para ele, você não tem controle nenhum sobre isso. E isso é bom. Sinceramente, não importa o que aconteça ao seu ex daqui em diante. O que importa é você. Focar-se no *seu* futuro – isto é, o que você quer e como vai fazer para manifestar isso – é a maneira mais garantida de alcançar o sucesso. É disso que este livro trata.

> **Direto dos *arquivos das mulheres destemidas*...**
> "A parte mais difícil de seguir em frente foi redefinir quem eu era e viver para mim mesma de novo, em vez de viver para outra pessoa." – *Lisa*

Armadilha nº 4:
Você se sente perdida

Levante a mão se você passou a maior parte do tempo no seu último relacionamento atendendo a cada necessidade do seu ex. Não há do que se envergonhar. Isso apenas significa que você tem muito amor para dar. Daqui em diante, que tal dirigir todo esse incrível amor e atenção para seus próprios interesses, suas próprias necessidades, seu próprio cuidado? Dessa forma, nunca mais você se perderá em um relacionamento, vivendo unicamente com o propósito de ajudar seu parceiro a conseguir tudo que ele quer e precisa, enquanto você se sente sufocada, isolada e/ou pouco apreciada. Verdadeiramente, em um relacionamento saudável e feliz, desejos e necessidades são uma via de duas mãos. Você cuida de si mesma *e* do seu par, e vice-versa. Goste disso! E até chegar lá, dirija todo esse seu amor e atenção a V-O-C-Ê.

Armadilha nº 5:
Você está apavorada por estar solteira

Quando falamos de estar solteira, o que lhe assusta mais? Sustentar-se sozinha? Não ter um programa para o sábado à noite? Nunca mais sair com ninguém? Nunca encontrar seu par perfeito, apaixonar-se e vivenciar a sua própria versão de felizes-para--sempre? Todas essas coisas?

Para mim, meu maior medo ao estar solteira era o de nunca encontrar alguém que pudesse me amar, me adorar e me entender, com minhas manias e tudo o mais. Que eu talvez fosse independente, fora do convencional, e inadequada para encontrar o amor. Que talvez o amor fosse para pessoas mais simples, mais bonitas, mais bem-sucedidas, menos complicadas.

Isso lhe soa familiar?

A verdade é que você *merece* o amor, com todos os seus defeitos. O seu felizes-para-sempre ainda existe. Só depende de você redefini-lo.

Enquanto isso, não há problema em estar assustada com a solteirice. Esse pode ser um território novo e pouco familiar, mas, por mais que a solteirice possa ser desconfortável, ela também é um presente e uma bênção. No seu próprio tempo, você pode acabar descobrindo que, na verdade, gosta de estar solteira. Esse é um dos meus objetivos ao escrever este livro – ajudar você a vivenciar o requintado prazer da sua própria companhia, a incrível liberdade de poder ir e vir como bem quiser e a absoluta delícia de encontrar alguém que percebe quão maravilhosa você realmente é. Quer você queira ser bela e solteira para sempre, quer tenha a esperança de encontrar rapidamente seu par perfeito, estabelecer-se e compartilhar a vida com alguém, a minha esperança é que, ao longo do trajeto, você aprenda a desfrutar os prazeres simples e alegres de estar sozinha. É claro que também existem muitas ciladas quando se está sozinha, especialmente se você é a única solteira do seu círculo social. E mais especialmente se já se passaram anos (ou mesmo décadas) desde que algum conhecido seu teve de começar tudo de novo.

Subitamente solteira

Se você é a única solteira do seu círculo social, quero lembrar-lhe que nem por isso você é um fracasso no amor. É importante que você realmente entenda e acate isso, não importa onde estejam seus amigos em suas respectivas jornadas do felizes-para-sempre. A vida não é uma competição rumo a algum destino final. A sua jornada é só sua, com o coração partido e tudo. Dê a si mesma algum crédito por viver a vida o mais autenticamente possível.

O fato de seu último relacionamento ter acabado significa que ele não era o certo para você. Agora é hora de celebrar sua franqueza, bravura e compromisso consigo mesma. Pelo fato de estar disposta a recomeçar, você tem a oportunidade de recriar sua versão do felizes-para-sempre. Isso é ótimo!

> **Direto dos *arquivos das mulheres destemidas*...**
>
> "O segredo para amar sua vida de solteira é ter amigas solteiras divertidas e felizes. Garotas para quem você pode ligar, do nada, e dizer: 'estou aqui perto de você, vamos tomar um café, uma bebida, alguma coisinha?'."
> Você precisa dessas garotas que tornam a vida interessante." – *Cindy*

Posto isso, estar solteira pode também ser uma experiência desanimadora quando você é a única pessoa sozinha no seu círculo social. Mas não se desespere. Você só precisa re-treinar suas amigas em relação a como lidar com sua posição de súbita solteirice. E este seria um momento excelente de relembrar a elas que:

1. Você já não tem planos automáticos de fim de semana, e seria legal se elas a convidassem para sair junto no sábado à noite.
2. Sim, você ainda tem o direito de chorar pelo seu ex, mesmo que tecnicamente já o tenha esquecido.
3. Conversas em grupo não podem ficar limitadas a papo de noivado, planos para férias românticas e planejamento da festa de aniversário de casamento, e precisam incluir pelo menos um dos tópicos a seguir: namoro, fofocas do trabalho, depilação, Facebook ou Dança dos Famosos.
4. Elas têm que ligar para você pelo menos uma vez por semana só para dizer "oi" e perguntar como vão as coisas, e só devem mencionar sua cara-metade se você perguntar.
5. Como amigas que são, elas precisam respeitar seu coração e evitar conversar sobre o seu ex, a menos que você fale nele primeiro (mesmo que tecnicamente já o tenha esquecido).

Solteiras, grupo da diversão

Embora não precise dispensar suas amigas comprometidas, você precisa começar a expandir seu círculo social de forma a incluir amigas solteiras e fabulosas assim como você. Não tem nenhuma? Não se preocupe. Eis algumas maneiras ótimas de fazer amizade com pessoas de mentalidade parecida.

1. Trabalhe como voluntária para alguma boa causa que a toque.
2. Filie-se a um grupo de apoio a solteiros. (Sim, eles existem, e não, você não é patética.)
3. Participe de eventos comunitários de seu bairro ou região.
4. Entre em um grupo de "*networking*". (Por que não crescer profissionalmente conhecendo pessoas novas?)
5. Faça aulas de temas que você curte. (Aprenda outra língua, melhore sua competência na cozinha com alguma culinária específica, afie suas habilidades artísticas com aulas de pintura ou desenho etc.)

Você está vendo que a chave para amar sua vida como uma solteira esperta está na sua capacidade de acatar sua nova realidade, cercar-se de amigos que dão apoio e celebrar as lições aprendidas? Tudo o que é preciso é um pequeno ajuste na sua atitude e *voilá!* Você vai viver e amar sua nova vida.

·············· *Revisão do capítulo* ··············

1. Recapitule as armadilhas explicadas neste capítulo. Alguma(s) delas ressoa(m) como possíveis armadilhas em que você se sente presa?
2. O que você precisa fazer para se libertar?
3. Faça um plano de ação para essa libertação. Tome medidas todos os dias para se libertar e adotar uma atitude de solteira esperta.

Capítulo 2

O melhor erro que você vai cometer na vida

Agora que sabe todas as razões pelas quais você *pode* estar com os olhos presos ao passado, é hora de ajustar o olhar e animar-se a respeito do seu futuro imediato e o mais remoto. Embora você e seu ex tivessem bons momentos juntos, pense em todos os momentos ainda melhores que você terá adiante – experiências que você perderia se tivesse ficado no relacionamento errado. Caso precise de uma ajuda para a memória, eis aqui uma amostra das incríveis experiências de vida que você lamentavelmente teria "pulado", se tivesse continuado firme e forte com o Sr. Errado.

A chance de estar bela e solteira

Saiba você ou não, estar solteira é um passo essencial na sua jornada rumo ao feliz-para-sempre. Esse é um tempo na vida em que você se torna autoindulgente, cuida de suas necessidades pessoais que estão sempre evoluindo, e realmente chega a conhecer seu modo de ser mais autêntico. Acolhendo e celebrando o que a torna única, você descobre seu propósito neste planeta. Estando no relacionamento errado, você

28 *A fila anda! Mulheres poderosas não choram*

nunca chegaria a essas verdades. Estaria muito ocupada/distraída/exausta por cuidar das vontades, necessidades, desejos e/ou exigências do Sr. Errado, e estaria o tempo todo ignorando seu instinto visceral de fugir da situação, porque o relacionamento nunca lhe permitiria ser sincera consigo mesma. Assim, embora possa haver momentos mais à frente em que a vida de solteira esperta lhe parecerá uma prisão perpétua, aprecie a liberdade que você tem agora. Celebre a força que você demonstrou ao se curar e se afastar do Sr. Errado. E, acima de tudo, acolha sua capacidade de recuperação e as lições que está aprendendo diariamente.

Direto dos *arquivos das mulheres destemidas*...

"De repente eu estava livre para socializar e, portanto, para me posicionar de forma a aproveitar novas oportunidades na carreira e na minha vida pessoal. Eu não tinha de pensar duas vezes ou que levar em consideração os sentimentos de outra pessoa, antes de fazer algo que me fizesse sentir bem. Eu tinha a chance de viajar mais, ser voluntária, voltar a ser ativa na política comunitária e fazer novos amigos. De repente, eu tinha uma vida sem limites." – *Nikki*

As intermináveis possibilidades de paquera

Você ainda pode não estar pronta para namorar. Mas quando decidir voltar a isso (e, confie em mim, essa hora chegará!), você descobrirá as possibilidades ilimitadas. Sem terminar com o seu ex, você nunca perceberia quantos homens incríveis, interessantes e maravilhosos existem neste mundo. Você provavelmente terá de driblar alguns caras pegajosos, moleques ou outros com algum tipo de subdesenvolvimento emocional, quando estiver "na pista". Mas, ora, eles podem render boas histórias para rir e contar às amigas. Além disso, quando se é uma solteira realmente bem-sucedida, os caras errados vão ficando pelo caminho rapidamente e com facilidade (bem como todas as decepções e outros desastres das paqueras), de forma que você esteja prontamente disponível para conhecer o Sr. Próximo da Fila (e, finalmente, o Sr. Certo).

> **Direto dos *arquivos das mulheres destemidas*...**
>
> "Quando finalmente tive a coragem de deixar o relacionamento, minha vida floresceu depressa e lindamente em muitas e muitas bênçãos. Estou mais forte, mais sábia e muito melhor. Percebo que possuo todo o amor que eu achei que precisava. E conheci tantos homens que me acham não só atraente, mas gostosa mesmo! Isso fez maravilhas para meu ego e minha autoestima. Sim, eu tenho um ego agora!" – *Tamika*

E sabe o que mais? Sem o rompimento, você nunca descobriria a alegria que resulta de um encontro maravilhoso com um novo alguém. Nunca vivenciaria a sensação dos primeiros beijos com alguns gatos do seu futuro. Se tivesse ficado com o Sr. Errado, sua próxima aventura amorosa não estaria logo ali na esquina (acredite em mim, ela está!). Que lamentável seria ter ficado com algo muito aquém do que você merece. *Uhuuu!* para você, por ter se libertado daquela relação mais ou menos (mesmo que tenha sido ele quem terminou), ter se curado e estar seguindo cm direção ao seu belo futuro.

A oportunidade de morar sozinha

Se antes do rompimento você nunca tinha morado sozinha, ou se já faz um bom tempo que você não se ajeita por si mesma, agora terá o prazer absoluto da sua própria companhia diariamente. Ainda que viver sozinha possa dar, às vezes, uma sensação assustadora de solidão ou isolamento, isso pode ser também algo tranquilo, interessante e divertido. Você percebe não só sua capacidade de adaptação e resistência, como descobre – ou retoma – seu jeito mais verdadeiro: desde o modo como decora sua casa ou os pratos em que come, até os novos rituais que criará daqui em diante, tudo pode ajudar a tornar seu futuro muito mais radiante.

> **Direto dos *arquivos das mulheres destemidas...***
>
> "Você vai descobrir que existe um bem-estar no fato de estar sozinha. A solidão leva à consciência de si, e isso leva ao empoderamento. A única pessoa que você realmente tem de procurar é você mesma. É daí que o verdadeiro amor vai chegar. Amor pela experiência. Amor pela vida. Amor pelo mundo ao seu redor e, sim, até mesmo, o amor romântico." – *Nikki*

Eis alguns dos vários modos pelos quais você pode celebrar o fato de morar sozinha:

1. Dançar na sala só de lingerie, cantando a plenos pulmões as suas músicas favoritas "de menina", a qualquer hora do dia ou da noite.
2. Deixar louça na pia a semana inteira, sem ter de ouvir reclamações de ninguém.
3. Ter posse total do controle remoto da TV.
4. Queimar incenso, acender velas e espirrar perfume pela casa, sem ter alguém reclamando de alergia.
5. Dormir pelada, ver TV pelada, cozinhar pelada (cuidado com coisas quentes que podem espirrar!), pagar contas pelada, navegar pela internet pelada... Pegou o espírito, né?

> **Amigas do Facebook participam**
>
> Quando perguntei no Facebook *"Qual a melhor parte de ter namorado um bocado, em vez de se arrumar com a primeira pessoa que apareceu?"*, eis o que algumas das minhas amigas disseram...
>
> "A gente percebe o que prefere e que tipo de pessoa gosta de ter por perto." – DANIELLE
>
> "A vivência do bom e do ruim. Uma noção melhor do que você gosta e não gosta, e do que quer e não quer, tanto em você quanto nos outros." – LUISA
>
> "A chance de se conhecer entre os relacionamentos, para o bem e para o mal." – NANCY

A chance de conhecer alguém que combina mais com você

Na qualidade de solteira esperta, você não só desfruta as intermináveis possibilidades de paquera, mas também acaba por vivenciar o prazer absoluto de encontrar alguém que é muito mais adequado a você do que o seu ex jamais foi. E seja ele o Sr. Próximo da Fila ou o Sr. Certo, muito provavelmente terá algumas das fantásticas qualidades que o seu ex possuía (e das quais você ainda sente falta), bem como características que o Sr. Errado era incapaz de incorporar. Coisas que você realmente precisa em um homem, mas seu ex nunca pôde oferecer. Talvez seja uma conexão emocional ou espiritual mais profunda, ou uma visão de futuro que se casa perfeitamente com a sua. Ou talvez seja simplesmente que o Sr. Próximo se comunica melhor (ou faz você rir – eu adoro isso!). Esse é o lado bonito das inesgotáveis possibilidades que estão disponíveis agora. Quando encontra alguém com quem combina mais você percebe, você sente. E isso simplesmente balança o seu mundo.

Uma renovada sensação de paz

Quando você se dá permissão para abandonar o passado, a jornada para o futuro se torna mais clara. É como se um holofote passasse a iluminar o caminho sob seus pés. Uma nova direção é formada e novas oportunidades emergem. E o melhor de tudo é que uma calma, uma paz interior a envolve. Libertando-se do que não funciona mais, você se dá a permissão de viver com paixão e propósito. De fato, essa pode ser a maior de todas as dádivas!

Veja como uma renovada sensação de paz pode surgir na sua vida:

1. Você desenvolve interesse por ioga ou meditação, que proporciona uma conexão mais profunda com sua espiritualidade.
2. Aparece um mentor que a guia em uma direção nova e inesperada.
3. Você adota um novo *hobby* ou se matricula em um curso que faz sua vida se encher novamente de animação e paixão.

4. Você decide enfrentar um desafio (correr uma maratona, economizar para comprar uma casa e assim por diante).
5. Dia a dia, você percebe que está ficando mais fácil se perdoar.

Outras oportunidades

Honestamente, as oportunidades que você teria perdido se tivesse ficado com o seu ex podem não ter se revelado ainda, mas você vai ser capaz de reconhecê-las à medida que se apresentarem. Essas ilimitadas possibilidades incluem uma inesperada oportunidade profissional que a leve a uma nova e entusiasmada direção, a amizades novas e recompensadoras com pessoas que o seu ex nunca apreciaria, e a divertidas aventuras de solteira, como viajar para o exterior, sair para baladas com amigas ou ter sessões quentes de amassos com novos gatinhos. Tudo o que você tem a fazer é se abrir para essas coisas. E agora que seu ex saiu de cena, não há nada atrapalhando seu belo futuro. Portanto sente, relaxe e esteja pronta para receber presentes inesperados, lições de vida e oportunidades – simplesmente por ter sido valente e ousada o bastante para acreditar em si mesma!

> **Direto dos *arquivos das mulheres destemidas*...**
>
> "Primeiro, cuide de si e permita-se sofrer um tempo. Isso é importante. Depois, então, foque-se no que pode fazer por si mesma, em todas as boas coisas que não aconteciam e que você não desfrutava porque 'ele não queria', e comece a fazer essas coisas!" – *Marge*

Reescreva o "felizes-para-sempre"

Você está começando a ver as muitas bênçãos que acompanharam a saída do Sr. Ex? Já celebrou plenamente quanto é bom que ele finalmente tenha partido? Espero que sim. Se não o fez, reserve algum tempo hoje (pode ser neste exato minuto) para celebrar tal fato. Melhor ainda, faça uma dancinha de alegria agora mesmo.

O seu próximo ponto na pauta é reescrever o seu felizes--para-sempre, criando um fim de relacionamento mais realista, graças à vantagem de estar olhando por um retrovisor nítido. Veja, até agora, o seu rompimento provavelmente foi mais ou menos assim:

A. Ele me deixou.
B. Eu o deixei.
A. Ele foi um babaca.
B. Eu fui uma boba, idiota, cretina.
A. Espero nunca mais ver aquela cara patética de novo.
B. Ele disse que nunca mais quer me ver ou ouvir falar de mim.
A. Nunca vou perdoar as coisas que ele disse/fez.
B. Ele nunca vai me perdoar pelas coisas que eu disse/fiz.

Parece familiar? A verdade é que, ao entrar na Solteirice Bem-Sucedida, é importante que você deixe pra lá sua História de Nós Dois. É hora de criar uma nova História sobre Você, aplicando as lições que considere adequadas da sua História de Nós Dois revisada.

Vou explicar. Depois de algum tempo, a sua História de Nós Dois, incluindo o dilacerante rompimento, pode assumir vida própria. E a lenda em torno do seu relacionamento (i.e., *Ele era um bocó sem coração, eu não passo de um tremendo fracasso para relacionamentos*) só faz ficar maior, cada vez mais feia, mais desagradável etc. O perigo, nesse cenário, é que você corra o risco de deixar passar lições valiosas e, possivelmente, adote crenças limitantes a respeito do que merece da vida e do amor. Antes de poder dirigir-se com sucesso para seu futuro espetacular, você deve a si mesma uma olhada mais honesta ao passado do seu relacionamento e à maneira como ele afeta a nova História sobre Você.

Como fazer: Se o seu ex não passa de um traste traidor/mentiroso/enganador, então ele é o vilão da história. Isso pelo jeito faz de você a tola, a vítima ou a perdedora – mas isso simplesmente não é verdade. Portanto, antes de se descartar como um fracasso romântico total ou olhar para todo o seu relacionamento com o ex como se fosse uma gigantesca catástrofe, pare. É hora de uma importante reforma nessa história, e veja o que entrará.

Que lições maravilhosas, incríveis e valiosas você aprendeu ao amar o seu ex? De que forma a presença dele na sua vida fez de você uma mulher melhor? Como o seu futuro será melhor já que ele foi parte do seu passado? Sem colocar o Sr. Errado em um pedestal nem jogar a si mesma no lixo por ter ficado tanto tempo ou aguentado tanta coisa no relacionamento, que belas verdades você pode extrair do tempo em que passaram juntos?

Talvez tenha ficado mais claro para você que tipo de parceiro você realmente quer e merece. Graças às boas qualidades do Sr. Ex, bem como às qualidades que lhe faltavam, você agora pode ter uma visão mais nítida do tipo de cara que seria um par ideal. Por exemplo:

* Se o seu ex era *workaholic* (um supercaxias), agora você vai procurar alguém que goste do trabalho, mas não seja casado com ele.
* Se entre suas grandes qualidades o seu ex tinha um incrível senso de humor, você pode escolher um futuro parceiro que também tenha senso de humor, mas que tenha outras qualidades importantes que seu ex não tinha.
* Se o seu ex tinha um relacionamento tumultuado com a família dele, e você é superapegada à sua própria família, já sabe a importância de encontrar um homem que tenha relações saudáveis com os parentes.
* Se você apreciava a natureza cavalheiresca do seu ex, mas não gostava de suas qualidades chauvinistas, seria bom prestar atenção em cavalheiros que tenham uma visão mais progressista dos papéis de gênero.
* Se o seu ex era atrapalhado com as finanças ou estava afundado em dívidas (qualquer que fosse seu salário), você agora deve ter percebido que é mais importante encontrar um parceiro que viva bem com o que tem do que um que ganhe muito dinheiro.

Além de ter uma ideia melhor do tipo de cara que pode ser o certo, você está começando também a perceber que, graças à vida que teve com seu ex, você se tornou uma mulher melhor? Se está, fantástico! Agradeça silenciosamente ao Sr. Errado por ter tido um efeito positivo sobre o seu futuro. Se você não consegue ver como o seu ex a afetou exceto pelo lado amargo, talvez seja bom analisar seu relacionamento com uma visão objetiva, ou pedir a opinião de uma amiga. É bem provável que ele tenha contribuído, pelo menos, com um pequeno punhado de lições de vida valiosas. Seguem abaixo alguns exemplos de como o seu ex pode tê-la ajudado a se tornar uma mulher ainda mais incrível:

Como ele era cuidadoso com a saúde, você descobriu seu gosto por alimentação saudável e exercícios, e agora tem uma aparência e uma disposição fantásticas.

Graças à aptidão do seu ex nesse tema, você agora tem um sólido plano financeiro para o futuro.

Com o estímulo do seu ex, você voltou aos estudos, foi atrás de um trabalho melhor e/ou fez uma mudança de vida necessária que, agora, vai dar embalo ao seu belo futuro.

Mesmo não sendo o homem certo para você, o Sr. Ex lhe deu amor e estímulo que a tornaram uma pessoa mais confiante.

Inspirada pelo jeito "aprumado" do seu ex, hoje você tem objetivos pessoais e profissionais concretos que têm sido muito úteis.

Viu como não foi uma perda total o tempo que passou com o seu ex? Ao reescrever o lado bom do seu relacionamento com o Sr. Errado e reconhecer o lado não tão bom (bem como o que era simplesmente ruim e horrível), você começa a criar uma visão mais clara do futuro. E embora você não precise de um namorado para desfrutar a vida, o fato de se tornar cada vez mais específica a respeito do tipo de pessoa que deseja atrair (alguém muito mais adequado a você) a torna capaz de seguir em frente sem ser desviada do caminho pelos fantasmas do antigo relacionamento ou por mais um Sr. Errado.

O bloco da amargura sai sem ninguém

Quando um relacionamento termina, e especialmente se não foi nos seus termos, é fácil cair no desespero, na pena de si mesma e, em suma, no amargor. E como você pode detectar se está atolada até os joelhos no desespero, ou até o nariz no amargor? Se o seu sistema de crenças atualmente está mais ou menos assim:

* Todos os homens são uma porcaria.
* Nunca mais vou deixar alguém chegar perto do meu coração.

* O amor é uma ilusão ridícula, só os tolos acreditam nele.
* O próximo homem que eu conhecer (e todos os que venham depois) vai pagar *muito* pelos pecados do meu ex!
* Os homens são seres baixos, traidores e mentirosos, então acho que vou tentar as garotas.

Embora seja perfeitamente normal que qualquer dos pensamentos acima passe aleatoriamente pela sua cabeça em um momento ocasional de rancor, se você decidir residir permanentemente no Distrito da Amargura, é muito provável que vá ter problemas. Mas antes de se descartar como causa perdida, pare. Volte. Ainda há esperança.

Daqui em diante, você vai deixar o bloco da amargura desfilar vazio. Tudo o que tem a fazer para se libertar do rancor é mudar o foco – do que poderia ter sido no passado para o que será no futuro. E como fazer isso? Você começa praticando a gratidão por sua vida maravilhosa, cheia de tantos dons.

Pode parecer impossível, mas não é. Pode ser desafiador, especialmente no início. Eu sei que há dias em que a gente sente o mundo contra si. Dias em que parece que você é a única pessoa solteira no planeta, em que todas as outras pessoas estão felizes e apaixonadas e você está recomeçando do zero – pela primeira vez ou de novo. Mesmo depois de se curar e se afastar do seu ex, muito provavelmente ainda há momentos em que você se sente quase sufocada com a memória da presença dele. Ou o fato de estar focada no belo futuro dele a impeça de ser capaz de criar o seu próprio futuro feliz. Parece-lhe familiar?

É nesses momentos que você deve praticar a gratidão ainda mais. Veja, não estamos falando de como a sua vida é maravilhosa. Trata-se de como você se sente a respeito de sua vida maravilhosa, inclusive das partes mais difíceis. A partir de hoje, eu a convido a praticar a gratidão pelas dádivas mais simples de sua vida cotidiana. Que este seja um dos seus novos rituais, a primeira coisa que você faz quando acorda ou a última que faz antes de ir para cama. Comece dizendo *sou grata por...* e então complete a frase. Tente pensar em pelo menos cinco coisas que você tem a agradecer, todos os dias. Seguem alguns exemplos de coisas pelas quais você poderia expressar agradecimento regularmente.

Sua saúde

Enquanto os namorados vêm e vão, a satisfação profissional encolhe e cresce dependendo do dia, e os desafios inesperados da vida aparecem e acabam sendo resolvidos, nada pode lhe dar tanta paz de espírito quanto desfrutar de saúde física e mental. Se você foi agraciada com uma boa saúde, agradeça. Se você vivencia desafios físicos diários, pratique a gratidão nos momentos em que está se sentindo saudável e forte. Quando se sentir fraca, frágil ou fisicamente abalada, permaneça centrada. Lembre-se de que essas sensações vão passar. Quando emergir a luz no fim do túnel, celebre o fato agradecendo e expressando gratidão.

A família e os amigos

Se você tiver a sorte de ter uma rede de amigos e/ou membros da família que lhe dão um incrível apoio, agradeça. Não é todo mundo que tem essa sorte. E se o seu último rompimento lhe ensinou algo, é aí que você precisa de uma Tripulação Chororô que vire Tripulação Uhuuu para ajudá-la nas fases difíceis, assim como para celebrar o que lhe acontece de bom. Se estiver na dúvida sobre o que tem a agradecer, pratique a gratidão pelo amor incondicional que você continuamente recebe dos amigos e da família. Mesmo que às vezes possa parecer que esteja sozinha, provavelmente há uma ou duas líderes de torcida torcendo por você à beira do campo. Procure-as, celebre-as e agradeça por elas.

Sua carreira

Talvez você não tenha o emprego dos seus sonhos. E provavelmente existem dias em que você adoraria pedir o seu aviso prévio. Mas a verdade é que muitas pessoas ficariam gratas por ter o emprego que você tem. Se tiver dúvidas, agradeça por estar empregada. Se achar que não consegue agradecer pela carreira que tem, pode ser a hora de mudar. À medida que reinventar sua vida daqui em diante, comece a pensar sobre que tipo de profissão realmente balançaria o seu mundo. Se já tem o conjunto de capacidades para isso, saia atrás de uma mudança de emprego.

Se não tem, planeje voltar a estudar para obter treinamento ou a especialização que vai precisar na nova área. E, mais uma vez, agradeça por ter cabeça e capacidade para obter e manter um emprego, por ser paga por sua inteligência e competência, e por ter tantas oportunidades disponíveis.

Seu coração em vias de cura

E há mais uma coisa pela qual você deve ser grata: o rompimento. Não exatamente o fim do seu relacionamento com o ex, mas a força e resistência que você descobriu ter desde o rompimento. À medida que seu coração continua a se curar, agradeça pela diminuição da dor, pelo fato de seu ex se tornar cada vez mais uma memória distante, e porque a cada dia você está aprendendo valiosas lições de vida. Sem o rompimento, você não experimentaria essas dádivas. Mesmo que as memórias do ex ainda pareçam frescas demais, vá e pratique a gratidão por seu progresso até agora, e comprometa-se a ir curando seu coração daqui em diante.

Ao praticar o agradecimento diariamente, o esperado é que você deixe de lado o rancor pelo que poderia ter sido e, em vez disso, concentre-se firmemente em seu futuro radiante. Se brigar com este exercício, não se preocupe. É um processo contínuo que pede paciência, perseverança e prática. Com o seu ex deixado para trás e uma vida incrível adiante, espero que você arranje tempo todos os dias para celebrar todas as dádivas maravilhosas que recebe o tempo todo.

·············· ***Revisão do capítulo*** ··············

1. Que experiências você desfrutou até agora, ou espera desfrutar, graças ao fato de que o Sr. Ex deixou a sua vida?

2. Que lições maravilhosas, estupendas e valiosas você está aprendendo por causa do seu ex?

3. Para começar a praticar a gratidão diariamente, faça-se a seguinte pergunta: pelo que sou grata? Faça uma lista de pelo menos cinco coisas. E continue acrescentando coisas à lista daqui em diante.

Capítulo 3

Um *não* é o mais solitário dos *números*

Agora que a realidade se instalou – de que você é uma solteira sabida e esperta –, o que mais está se configurando? Apreensão, medo e incerteza em relação ao futuro? Ou animação, inspiração e esperança? Há grandes chances de você estar experimentando um pouco de cada – e isso é perfeitamente normal. Esteja você subitamente solteira pela primeira vez em muito tempo (ou pela primeira vez na vida!), ou recomeçando em uma idade em que nunca imaginou estar nessa situação, a jornada pode ser tanto divertida quanto penosa. Ela pode abalar o seu universo para o bem e para o mal. Mas antes que o seu *status* de solteira consiga fazer a sua vida toda capotar, ajuste sua bússola interna para buscar equilíbrio. Celebre sua solteirice em honra à mulher incrível que você é!

> **Direto dos *arquivos das mulheres destemidas*...**
> "Algumas vezes simplesmente não é para as coisas acontecerem, e você realmente é capaz de viver sua vida plenamente sem aquela pessoa. Pode ser triste, mas é verdade." – *Belinda*

Recém-solteira, grupo de uma só

Existem muitas fases de definição na vida de uma mulher. Estar solteira é uma delas. Estar seriamente solteira pela primeira vez é uma fase excepcionalmente especial. Quando ultrapassar o absoluto terror de declarar sua solteirice (perfeitamente normal), o inegável pânico de que talvez nunca mais encontre alguém (não é verdade!) e o medo que frequentemente acompanha o fato de não levar acompanhante em festas (todo mundo sente isso vez ou outra), você vai começar a ver como pode ser interessante a vida de uma solteira esperta. Diferentemente do passado remoto, quando você se definia pelo relacionamento em que estava ou pelo cara que namorava, agora você tem a oportunidade de redefinir quem é por si mesma. Se tal ideia faz irromper um suor frio, calma. Respire fundo. Continue a ler.

Não estando mais confinada ou restrita a um relacionamento com o Sr. Errado, você agora está livre para reinventar toda e qualquer área da vida que não esteja boa.

Sua carreira

Tendo deixado para trás a dor do rompimento e colocado seu coração no conserto, você tem agora as dádivas de tempo, espaço e energia para se dedicar às atividades profissionais. Quer disputar uma promoção? Faça bom uso de algumas de suas competências; tome a frente em projetos de grande visibilidade, exponha ideias e soluções novas para seu chefe ou sua equipe e trate sua vida cotidiana do trabalho com entusiasmo renovado. Haverá boas chances de que seus esforços sejam notados e recompensados!

Se você trabalha por conta própria, agora é hora de agitar a banca conseguindo um novo cliente, pesquisando sobre os concorrentes e sobre como você pode oferecer maior valor agregado ou lançando um projeto totalmente novo.

Direto dos *arquivos das mulheres destemidas...*

"Meu ex e eu nos mudamos para Las Vegas alguns anos atrás. Eu imediatamente adorei! Ele não; ele era muito ciumento.

> Como eu era o seu apoio, senti a necessidade de fazer o que ele fazia, para que ele se sentisse confortável. Acabei me fechando. Eu não conseguia ser aquela pessoa na qual estava me transformando. Saindo daquele relacionamento eu me tornei a Nikki em Las Vegas, o que é uma coisa ótima. Isso me levou a fazer contato com pessoas, a conseguir mais trabalho para minha companhia e a gostar de ser eu mesma. Ficando com ele, eu teria deixado de viver." – *Nikki*

Sua vida social

Agora que está solta no mundo e livre para sonhar, como você quer reinventar sua vida social? Embora seja verdade que você há de passar algumas noites de sábado sozinha, agora que está solteira, sua vida social não tem de sofrer só porque o seu ex não está mais na foto. Que atividades fantásticas você quer incorporar à sua rotina? Se tem amigas solteiras, organize, seguindo um rodízio, atividades para os fins de semana que incluam sair para dançar, alugar filmes para assistir em casa, ir a eventos para solteiros e se colocar, regularmente, em ambientes ricos em alvos.

O que é um ambiente rico em alvos? É um lugar no qual o tipo de homem que você está procurando atrair pode geralmente ser encontrado – e em grande número. Por exemplo, se você gosta de música ao vivo, os locais de concertos/shows de são ambientes ricos em alvos que podem conduzir a contatos e encontros com fãs (atraentes) de música ao vivo. Se você adora arte, vasculhe o guia de programação do jornal local para se informar sobre exposições de arte, mostras de museus etc. Tente comparecer pelo menos uma vez por mês a algum evento relativo à arte que seja rico em alvos. E se você ama atividades ao ar livre, filie-se a algum grupo dedicado a isso e compareça regularmente aos eventos organizados pelo grupo. Mesmo que você nunca faça uma ligação amorosa ali, é uma ótima maneira de conhecer gente nova curtindo a natureza.

Se você é a única pessoa solteira no seu círculo de amizades, agora é hora de expandir seus horizontes. Compareça a eventos de "*networking*", feiras de voluntariado ou atividades comunitárias onde possa conhecer pessoas de mentalidade semelhante, e algumas das quais haverão de ser solteiras.

E não, você não precisa desistir dos seus amigos que estão em relacionamentos estáveis, ainda pode curtir a companhia deles. Mas se sua interação social fora do trabalho estiver limitada a pessoas que deixaram de ser solteiras há anos e cuja conversa gira em torno de festinhas de aniversário com castelos de pula-pula, você pode começar a se sentir desterrada. Não é que esses amigos estejam mal-intencionados. Por mais que tenham boas intenções, eles simplesmente não conseguem estabelecer uma relação com você e sua vida de solteira. É por isso que você tem de achar algumas amigas solteiras. É importante ter um círculo social que entenda o que você está vivendo e possa celebrar seus triunfos (ser abordada pelo gato que você sempre vê naquele café, aquela fantástica "ficada" na noite de sexta com o Sr. Próximo, encontrar a roupa perfeita para o terceiro encontro), assim como solidarizar-se nos ocasionais contratempos (o seu querido atual que não retornou seu telefonema, o namoro virtual que deu errado, achar seu ex no Facebook com fotos da garota nova, e assim por diante).

Sua casa

Dizem que a casa de um homem é o seu castelo. Sendo Rainha do Seu Castelo, como você quer reinventar sua casa, agora que está sozinha e livre para decorá-la como quiser? Se você e seu ex moravam juntos e agora você está reinventando a si mesma e ao espaço que antes era partilhado, é fundamental dar uma renovada muito necessária na casa. Pinte as paredes com cores vibrantes. Compre móveis novos. Invista para tornar sua casa o suprassumo da moradia de solteira, sem se esquecer dos lençóis *sexy*, copos de coquetel para brindar à sua nova vida, e muitos sais de banho, loções e poções para se sentir ultrafeminina de domingo a domingo.

Se após o rompimento foi você quem teve de se mudar, como vai querer recriar seu espaço para que possa se concentrar firmemente no seu belo futuro? Cerque-se de arte, imagens e objetos inspirados que façam você se sentir bem. Construa para si um relicário da moça solteira, com juramentos, um painel completo de imagens e palavras que a inspirem a viver a mais autêntica e feliz das vidas, e quaisquer outros acessórios que possam lembrar como é fabuloso estar solteira (bem como o que você gostaria de manifestar no seu futuro romântico). Tal como uma borboleta que emerge do casulo, uma versão nova e melhorada de você está se revelando dia após dia. Dê a ela o espaço, nutrição e oportunidade necessárias para que possa abrir suas belas asas e voar.

Torne-se uma magnata dos imóveis

Uma outra maneira de agitar sua reinvenção doméstica é investir na compra de seu primeiro imóvel! Parece apavorante? Pense uma segunda vez. Milhões de mulheres solteiras compram imóveis sozinhas. E ainda que você não possa adquirir de início uma linda propriedade com cerquinha branca, cachorro e o homem dos sonhos que costumava visualizar como sua primeira casa, comprar algum imóvel pode ser a coisa que vai ajudá-la a agitar a reinvenção da sua vida. Assim, em vez de se prender à ideia de que não vai poder comprar sua minimansão no melhor bairro da cidade, lembre-se de que você está apenas começando. Talvez comece investindo em um apartamento bonitinho perto da praia. Talvez você e uma amiga ou parente comprem juntas uma casa no seu bairro favorito. Em vez de simplesmente acreditar que "não sou capaz de comprar uma casa sozinha", pergunte-se, por exemplo, "*Como* posso comprar meu primeiro imóvel?". Você pode se surpreender ao descobrir que isso está absolutamente e positivamente ao seu alcance. Além disso, quando, *de fato,* comprar um lar por si mesma, imagine quão poderosa, inspirada e orgulhosa você vai se sentir!

Sua mente/corpo/espírito

Seja sincera. Estar solteira lhe parece às vezes ser uma prisão perpétua? Parece algo que você tem de suportar indefinidamente, sofrendo desoladamente na esperança de, um dia, ter um real alívio, quando o Sr. Certo aparecer? Se respondeu "sim", não se estapeie. Milhões de mulheres solteiras que viveram antes de você sentiram exatamente a mesma coisa. E quando foram apresentadas a um segredinho atrevido passado por outras mulheres, tudo mudou.

Quer conhecer esse segredo?

A chave para abrir a cela da sua prisão é liberar a si mesma. Parece brega? Continue a ler. Comece a celebrar a pessoa que você é agora, neste instante, aprendendo a nutrir sua mente, corpo e espírito. E você não tem de ser um mestre zen para conseguir isso. Simplesmente comece se sintonizando internamente com seus pensamentos, sentimentos e convicções, todos os dias. Ouça o seu diálogo interior. Se notar repetidas convicções negativas, veja se consegue reenquadrá-las, dando-lhes tons mais positivos. Por exemplo, se você se flagra constantemente pensando *Detesto estar solteira* ou *No que se refere ao amor, todo mundo parece fazer a coisa certa; por que eu não consigo?*, melhore as questões. Por exemplo, passe de *Detesto estar solteira* para *O que posso fazer hoje para gostar mais de estar solteira?* As respostas que vierem podem surpreendê-la. E as mudanças sutis que virão a seguir podem fazer maravilhas por sua perspectiva em relação à sua vida de solteira-pronta-para--se-relacionar.

Agora também é o momento perfeito para explorar sua espiritualidade. Se você tem inclinações religiosas, aprofunde essa conexão com o divino indo à igreja, meditando ou participando de outras práticas espirituais. Se você é novata na espiritualidade, mas tem interesse em aprofundar sua experiência, comece a ler tudo que puder a respeito dos temas que te interessam. Invista em livros e em pesquisa pela internet. Frequente seminários e *workshops*. Deixe sua bússola interna guiá-la rumo às práticas espirituais que lhe tocam mais. Ao fazer isso, você se dá permissão para florescer como ser espiritual. Além disso, você vai encontrar indivíduos interessantes, que pensam de forma parecida e têm a mente aberta; que vão moldar sua busca e podem levá-la a direções novas e animadoras. Vá em frente, explore!

Uma nova paixão

Você tem algum desejo plantado lá no fundo, que nunca foi muito exposto? Existe alguma coisa pela qual você é secretamente apaixonada e, no entanto, até agora essa paixão esteve dormente e inexplorada? Seja um *hobby* à espreita ou uma paixão para a qual sua bússola interna aponta, agora você tem a chance de deixar que os seus desejos verdadeiros apareçam. Cada um tem uma paixão pessoal diferente. Pode ser uma coisa simples, como, por exemplo, saber que quer voltar aos estudos, mas tem medo de se lançar nisso. Ou ouvir uma vozinha lá dentro que te diz que é a hora de mudar de carreira. Ou talvez você sempre tenha tido uma fascinação pelo mar e, secretamente, adoraria obter um certificado de mergulhador, mas nunca expressou isso por medo, dúvida ou insegurança. Não se preocupe com a aparência que você vai ter em uma roupa de mergulho. Vá atrás disso!

O que você está esperando? Uma das dádivas mais requintadas que a solteirice oferece é a oportunidade de definir todas as apostas. Você decide como seu dinheiro será gasto, ao que vai dar seu tempo e energia, e como vai viver a sua vida. Às vezes pode dar uma sensação esmagadora ter tanta escolha. Mas a verdade é que sua liberdade é uma dádiva. Não a desperdice por estar convencida de que é um peso. Estime e celebre essa liberdade! Dê a si mesma permissão para ser a mulher maravilhosa que secretamente você sabe que é. Esta é a sua chance de ser autoindulgente e autosuficiente (para não dizer ousada). O que você está esperando?

A solteira inesperada

Se você estiver recomeçando em uma idade em que nunca esperava fazer isso, qualquer que seja essa idade, a boa notícia é que está em boa companhia. Já trabalhei com centenas de mulheres que se viram recomeçando em uma idade na qual elas tinham pensado que seria definida pelo casamento, bebês e, possivelmente, uma casa de veraneio em algum lugar sensacional. Em vez disso, como você, elas tiveram que recolher os cacos, redefinir a si mesmas e recriar seu futuro com seus próprios meios.

Parece amedrontador? Sim, porque é mesmo. Mas é também um dos melhores presentes que você pode dar a si mesma. A oportunidade de trocar uma vida que, por alguma razão, deixou de dar certo por uma vida cheia de possibilidades. Pense em todas aquelas mulheres assustadas, estagnadas e incertas presas a relacionamentos sem futuro, desejando ter a força e a coragem de recomeçar do zero. Você é a heroína delas. Mais importante ainda, você é a sua própria heroína. Agora é hora de começar a agir como tal.

E o que uma heroína faz?

Agita sua reinvenção, é claro! Em vez de se esconder em algum canto pelos próximos seis meses pedindo desculpas por estar solteira ou de, pior ainda, agarrar-se à sua identidade de namorada/noiva/esposa de Fulano mesmo que ele já não exista faz tempo, tire o dia de hoje para celebrar seu repentino status de solteira e começar a se fazer estas perguntas importantes:

O que eu quero fazer agora?

O que quero me tornar agora?

Que oportunidades interessantes, divertidas e incríveis me aguardam agora, já que estou livre para explorá-las?

Sua reinvenção já começou, saiba você ou não. E você está indo muito bem. Momento a momento, dia a dia, você se torna mais forte, mais confiante, mais sintonizada com aquela vozinha interna que a está guiando para o futuro. Sua única função agora é prestar atenção, seguir suas indicações e baixar o volume daquelas outras vozes negativas. Elas estão completamente erradas. Seu felizes-para-sempre desponta agora mesmo, enquanto estamos conversando. Cabe a você trazê-lo à vida.

Amigas do Facebook participam

Quando perguntei no Facebook *"Do que se trata da reinvenção da sua vida após o rompimento, quais foram os desafios e bênçãos que você vivenciou?",* eis o que algumas das minhas amigas disseram...

"Para começar, meu ex não era de fato a pessoa certa para mim. Quando o deixei ir, minha vida melhorou tanto! Um novo emprego, novo corte de cabelo e a chance de realmente ser eu mesma." – GINA

"Quando percebi que minha vida não tinha terminado, comecei a me divertir de novo. Noites de sábado com as minhas meninas, *brunch* com amigos e tempo para mim. Adorei cada minuto." – KAREN

"Morar sozinha foi duro no começo. Sentir como se ninguém se importasse em saber onde eu estava ou o que estava fazendo ou se estava bem. Isso melhorou com o tempo." – SARAH

Para que você faça isso, precisa ser realmente sincera consigo mesma e arranjar coragem para olhar com franqueza para seu último relacionamento e os anteriores. Agora é hora de empreender um importante trabalho de escavação emocional. Comece fazendo-se algumas perguntas, que podem estas:

* Como participei do lado bom e do lado mau de meus relacionamentos do passado?
* De que formas meu ex foi certo e errado para mim?
* Que lições aprendi com minha vida e minha história de amor? Como posso aplicá-las no futuro?
* Eu sei, agora, o que quero da vida e do amor?

Separe algum tempo para fazer e responder essas questões. Por difícil que possa parecer a princípio, é essencial para o seu futuro que você faça essa escavação emocional. Nem sempre será divertido. Mas o que você desencavar vai informar seu futuro "feliz-para-sempre" de formas que nunca esperaria. Você deve a si mesma esse trabalho para que possa recriar, reimaginar e reinventar sua pessoa como solteira esperta, bem como o futuro para o qual está trabalhando.

Direto dos *arquivos das mulheres destemidas*...

"Quando era uma solteira recente, eu não sabia o que fazer de mim mesma. Para começar, não tinha amigo nenhum para quem ligar, pois tinha sido muito isolada dos outros durante aquele relacionamento. E parecia assustador recomeçar e sair sozinha. Eu pensava: 'Como vou conhecer pessoas? O que vou fazer?' Finalmente venci isso. 'Espere um pouco, eu posso fazer isso!' Comecei a sair e a conhecer as pessoas mais maravilhosas! Por um momento, houve apenas a ameaça da solidão, a ameaça de 'estou completamente sozinha, só eu e o gato'. Foi paralisante, mas depois eu acordei, lembrei de quem eu era e decidi seguir com a vida." – *Monica*

Contato constante

Durante esse novo processo, é recomendável não só diminuir o volume daquele seu crítico interno que fica falando aquelas

48   *A fila anda! Mulheres poderosas não choram*

coisas más e terríveis e fazendo julgamento sobre o que você merece e a cara do seu futuro, mas também é recomendável criar algumas resoluções novas para si. Elas vão renovar suas convicções a respeito de para onde você está indo e o que merece.

Essas novas resoluções podem ser mais ou menos assim:

* Eu mereço um futuro feliz-para-sempre.
* Eu me perdoo pelo passado e estou ansiosa pelo futuro.
* O amor real e duradouro é algo possível para mim. A cada dia chego mais perto dele.
* Eu me comprometo com minha própria felicidade e encontro meios de celebrar minha vida diariamente.
* Deus me quer em um relacionamento amoroso para toda a vida.

Identifique palavras e expressões que sejam importantes para você e incorpore-as em seu novo conjunto de resoluções. Se você ainda está na fase de chorar o passado ou imaginar que o seu ex era o seu par perfeito e sem ele você se sente perdida, pegue pelo menos uma resolução que te lembre por que foi bom ele ir embora.

Repito: não pule este exercício. Criar novas resoluções será sua baliza em tempos de incerteza. Sempre que seu crítico interior mostrar a cara feia, pare, respire fundo e recapitule suas resoluções.

Está achando difícil criar suas resoluções? Compilei uma lista das minhas favoritas entre aquelas que minhas clientes me mostraram nos últimos anos. Fique à vontade para tomar emprestada a lista ou usá-la como inspiração...

1. Ele não me dava apoio quando eu mais precisava se não fosse conveniente para ele... Isso é algo que eu quero?
2. Ele foi egoísta em 90% do relacionamento. Isso não vai mudar *nunca*.
3. Eu mereço uma pessoa que me aceite do jeito que eu sou e que não me deprecie.
4. Ele me vendeu um produto falso (a pessoa que ele dizia ser, diferente da que ele realmente é) e eu sou uma consumidora zangada.
5. É possível me achar, e meu par perfeito será sortudo de me encontrar!

O estilo de vida de solteira

Agora que você ocupou seu espaço, aceitou as infindáveis possibilidades que se desdobram à sua frente e recriou suas resoluções, a diversão pode começar! É hora de se tornar a solteira perfeita e insuperável. Não estou falando de virar a *Bachelorette** do *reality show*, com cerimônias de entregar-a-rosa semanais e uma paixonite de faz de conta na próxima terça-feira. Estou falando de celebrar sua solteirice como nunca fez antes. Não importa *como* você vai fazer isso. O importante é que você encontre sua própria interpretação do que seja tornar-se o máximo da solteirice. O que acha de:

1. Sintonizar sua Samantha Jones interior e virar uma malabarista de homens profissional?
2. Redecorar sua casa com cores, texturas e estampas quentes, *sexy*, magníficas, de tal forma que qualquer homem que passe pela porta caia imediatamente sob seu encanto atrevido?
3. Promover drinks e festinhas semanais para sua Tripulação Uhuuu, para curtirem músicas sobre o poder feminino e celebrarem sua fantástica solteirice?
4. Passar por uma grande transformação física como perder 8 quilos, mudar a cor do cabelo e esbanjar em um novo guarda roupa da moda?
5. Trocar seu carro usado por um perfeito automóvel de solteira, com teto conversível, faixa cor-de-rosa de carro de corrida e bancos de couro (perfeito para pegar gatinhos quando estiver paquerando no trânsito!)?

Quando você assume o estilo de vida de solteira, o objetivo não é se tornar alguém que não é. Ao contrário, você quer simplesmente abrir espaço para que emerja a versão mais surpreendente de si mesma. Ainda que estar solteira possa, às vezes, dar a sensação de sufocamento, sua função agora é encontrar meios

---

* *Reality show* norte-americano que mostra um jogo de namoro, versão feminina do *The Bachelor*. Em 2012 foi lançado nos Estados Unidos um filme baseado no *reality show* feminino. (N.E.)

50   A fila anda! Mulheres poderosas não choram

significativos de louvar essa situação e só se divertir. Se a ideia de glamorizar seu carro, casa ou guarda roupa parece inatingível, comece aos poucos. Adote aquele visual *sexy*. Inscreva-se em programas de encontros rápidos. Ou comprometa-se a ir uma vez por semana em um ambiente rico em alvos, para poder praticar olhadas, sorrisos e olás. Antes que você perceba, sua melhor personalidade de solteira emergirá e começará a atrair olhares aonde for. Mais uma vez, lembre-se que isto é um processo, não é algo que acontece do dia para a noite. Pratique a paciência, force sua zona de conforto e respeite seu coração. E, é claro, divirta-se!

·············· *Revisão do capítulo* ··············

1. Agora que está livre para reinventar toda e qualquer área da sua vida que não funciona mais, que áreas necessitam de sua atenção primeiramente? Crie um plano de ação para seguir em frente.
2. Se você está solteira em uma idade na qual não esperava, comece a propor e a responder estas perguntas:
   a. O que quero fazer agora?
   b. Quem eu quero me tornar agora?
   c. Que oportunidades interessantes, divertidas e incríveis me esperam agora que estou livre para explorá-las?
4. Para ajudá-la a seguir em frente sem medo, crie seu novo conjunto de resoluções. Tome como referência os exemplos das páginas 48-49.

Capítulo 4

Contos de fadas se realizam, sim
(e outras mentiras que sua mãe lhe contou)

Agora que você percebeu como é mais fabuloso estar solteira do que em um relacionamento errado, identificou lições de vida na sua última história de amor e está praticando diariamente a gratidão, é hora de viajar ao passado mais uma vez. Apenas desta vez eu quero que você volte *bem mais* – à sua infância.

Quais foram as primeiras mensagens que você recebeu a respeito de amor, casamento e relacionamentos? E não só pela observação do relacionamento entre seus pais. Pense nas influências coletivas sobre a infância, no que se refere a romance. Se tomarmos desde os contos de fadas que seus pais liam para você na hora de dormir até os filmes da Disney que você adorava e que prometiam um final feliz, passando pelas canções, programas de televisão e romances da telona que lhe ensinaram que o amor tudo conquista, provavelmente nunca ocorreu ao seu cérebro de garotinha que algumas dessas mensagens eram mentirosas.

Mesmo que a escola da vida tenha lhe ensinado algo diferente, você, hoje adulta, talvez ainda esteja convencida de algumas dessas fantasias infantis. É hora de desmistificar os mitos, fábulas e contos de fadas que podem estar sabotando suas chances de um futuro feliz-para-sempre realista.

Algum dia meu príncipe chegará (de novo)

Goste ou não, você não poderá deixar o Sr. Certo (ou mesmo o Sr. Próximo) entrar sem antes abandonar o Príncipe Encantado. Portanto, calce seus sapatinhos de menina crescida e vamos trabalhar!

Algum dia meu príncipe chegará (de novo)

Seja franca. Você ainda se agarra à esperança de que seu ex pode voltar um dia, arrebatá-la nos braços, dar-lhe tudo o que você sempre quis e mudar radicalmente tudo que não dava certo no relacionamento de vocês? Você está colocando seu futuro em espera enquanto reza por um milagre? Isto é, que ele conseguirá ser ajuizado financeiramente, aprenderá a estar emocionalmente disponível o tempo todo ou proclamará em alto e bom som seu amor por você na frente de todo mundo que conhece... Você se esforçou muito para a sua recuperação pós-rompimento, a ponto de criar um perfil bacana para o namoro pela internet e de sair algumas vezes, mas, lá no fundo, está esperando que o telefone toque ou que seu ex apareça à sua porta com flores, uma aliança e uma proposta de casamento?

Lembre-se, eu disse para ser franca.

A boa notícia é que você não seria a primeira mulher do mundo a colocar seu futuro fantástico em suspenso na esperança de, com um pouco de tempo, distância e perspectiva, seu ex descobriria magicamente seus erros e voltaria correndo, e, juntos, vocês viveriam felizes para sempre.

A má notícia é que enquanto você está fantasiando a respeito da união felizes-para-sempre com seu ex, ele está indo em frente sem você. Está saindo com outras mulheres. Mesmo que ainda ligue para você.

E mesmo que ele ainda durma com você.

Embora seja passível de discussão se homens e mulheres são ou não realmente de planetas diferentes, como escritor norte-americano John Gray quer que acreditemos, a dolorosa verdade é esta: homens e mulheres lidam de forma diferente com os rompimentos. Sim, cada qual pranteia da sua própria maneira. Sim, ambos sentimos a dor, a perda, a decepção – à nossa maneira. Mas muitos homens conseguem permanecer conectados à ex durante toda a sua recuperação e, ainda assim, seguir em frente, ao passo que a maioria das mulheres não consegue.

Contos de fadas se realizam, sim (e outras mentiras que sua mãe lhe contou) 53

E embora alguns casais se separem, depois reconheçam seus erros e voltem a se unir para criar um futuro novo, saudável e feliz, a realidade é que enquanto você está se aninhando nos braços do seu ex após mais uma noite de paixão da madrugada (também conhecida como "recaída pós-rompimento"), ele ainda continua vivendo a própria vida. Ainda faz outros planos. Ainda sai com outras mulheres. E ainda que goste do conforto de voltar a cair na cama com você, ele ainda acredita que vocês terminaram de uma vez por todas porque, ora, porque terminaram.

Se algo do que foi dito acima corresponde à verdade, não se faça de boba acreditando que você é uma exceção à regra. Se está lendo este livro, está buscando respostas. E vou dá-las, quer você realmente queira ouvi-las ou não.

Se o *best-seller Ele não está tão a fim de você* nos ensinou alguma coisa, é que você não é a exceção. Você é a regra.

Permita-me esclarecer. Se você ainda está em constante comunicação com seu ex, ou desfruta de contatos ocasionais ou frequentes com ele entre os lençóis, pare agora. Isso não é um sinal de que vocês vão voltar a ficar juntos. Não é nem mesmo um sinal de que ele ainda a ama. Embora você possa estar ainda loucamente apaixonada, ele está seguindo em frente sem você. Você é o *airbag* emocional dele, que dá apoio e segurança enquanto ele, devagar, mas definitivamente, volta ao mundo do namoro. A coisa não funciona no sentido inverso. Ele não é scu *airbag*. Ele é um acidente esperando para acontecer, o qual vai te destruir (é exatamente assim que você vai se sentir quando descobrir que ele está saindo com outra). E sabe qual a parte *realmente* enfurecedora? Ele nem ao menos está seduzindo você! É você que está seduzindo a si mesma.

Como? Concordando silenciosamente em permanecerem ligados. Dando a ele seu corpo porque pensa que ele está lhe dando seu coração. Recebendo as chamadas dele e pensando que isso significa que você é a única mulher com quem ele fala ultimamente. E mesmo que você tenha razão neste momento, quem garante que ele não vai encontrar alguém amanhã, continuar a sair com vocês duas até as coisas ficarem sérias com a outra, e então aparecer na sua porta, entregar uma caixa com as coisas que você deixou na casa dele e lhe contar que está loucamente apaixonado pela nova garota que apareceu em sua vida e

54   A fila anda! Mulheres poderosas não choram

estão noivos...? Ai! (Essa é uma história verdadeira ouvida nas trincheiras do namoro.)

Você acha que seu ex está acima de um comportamento assim tão desalmado? Pense duas vezes. Essas táticas pós-rompimento não se limitam aos babacas, idiotas e atores. Homens bons, sinceros, gentis, homens como seu ex fazem isso porque *você deixa.* Porque em algum nível você aceita o comportamento dele. Você diz "tudo bem" porque ainda o ama. Você concorda silenciosamente em não passar de um prêmio de consolação porque seu coração lhe diz que isso é melhor do que não significar nada para seu ex. Talvez não possa ter o relacionamento que vocês tiveram no passado, mas ainda é possível segurá-lo um tantinho. Sem dúvida é doloroso, mas também é confortável, familiar e significa que você não tem de correr nenhum risco. Riscos como se afastar e se concentrar no seu futuro. Riscos como dar seu coração a outro. Riscos como cortar totalmente seu ex da sua vida.

Você está totalmente errada.

Talvez homens e mulheres sejam de planetas diferentes. Mas diferentemente dos relacionamentos justos e equilibrados que as mulheres gostam de ter em Vênus, em Marte é perfeitamente aceitável dormir com a ex, sair com outra, apaixonar-se e chutar a ex para a sarjeta quando as coisas ficarem sérias. Ai!

Portanto, o que uma garota sabida como você há de fazer? Para começar, acorde e sinta o cheiro da realidade. Em segundo lugar, fique esperta e pare de deixar o seu ex entrar na sua vida. De fato, livre-se de tudo que lhe traga a lembrança dele, incluindo fotos antigas, a camiseta dele com a qual você ainda dorme secretamente, e quaisquer ligações *on-line* que ainda tenha com ele. Você sabe do que estou falando. Espiã de Facebook!

Ao fazer isso, você recupera seu poder. E também dá um passo importante na direção de um futuro mais realista. Sabe o que mais? Ao ultrapassar a cerca elétrica invisível que o seu ex manteve em torno do seu coração, você cria espaço para um alguém novo e maravilhoso entrar na sua vida quando estiver pronta. Uhuuu!

Bem, acho que ilustrei bem os perigos de permanecer ligada ao seu ex ou manter a esperança de um último encontro. Mas vamos revisar mais uma vez. Não importa quantas vezes vocês tenham rompido e voltado, quanto você pense que foram feitos para dar certo, e/ou quanto você ainda compare todo homem que conhece ao seu ex, é hora de um sério choque de realidade. Se você está adiando seu futuro indefinidamente, quanto tempo está disposta a esperar? Quanto tempo mais está disposta a perder? E o que será preciso para que você desconecte inteiramente seu coração ao do ex?

Eu a convido, aqui e agora, a se afastar de uma vez por todas. Sei que é assustador. O futuro, grande, mau e desconhecido, está à sua frente. Mas não é hora de explorá-lo, cortando todos os laços entre você e o ex, inclusive os emocionais? Dê-se permissão, hoje, de parar de olhar para trás esperando que ele volte uma última vez. em vez disso, comprometa-se consigo mesma e o que a espera.

A maldição do "Homem Prometido"

Agora que seu ex já se foi, há outros sabotadores emocionais por aí que talvez precisem ser exorcizados. Muito bem, você desistiu do fantasma do seu ex, mas o que dizer da maldição do Prometido? Seria esta outra mentira que sua mãe ou a sociedade lhe contaram na infância e que precisa ser corrigida? Esse é o caso se você se agarra a qualquer uma das seguintes crenças:

> *Sei que existe apenas uma pessoa perfeita para mim. Minha alma gêmea! Meu tudo!*
>
> *Onde está O Homem Prometido? Por que demora tanto? Apresse-se!*
>
> *Meu final feliz está logo ali na esquina. Não preciso fazer nada, só ficar aqui sentada esperando o Sr. Certo aparecer.*

Se isto soa familiar, é hora de outro sério choque de realidade. Vamos cair na real. *Se* existe uma única pessoa perfeita para você neste mundo, quais são as chances de vocês algum dia se encontrarem? Havendo bilhões de pessoas no planeta, mesmo com o poder da internet, qual a probabilidade de que você e esse Homem Prometido maravilhoso encontrem um ao outro antes de se recolherem a uma casa de repouso aos 80 anos? E vamos admitir que você seja sortuda o suficiente para morar no mesmo estado, cidade e região que esse par perfeito. Qual a plausibilidade de que esbarrem um no outro aleatoriamente em um café, barzinho ou evento de encontros programados, reconhecendo

56 A fila anda! Mulheres poderosas não choram

um ao outro como O/A Prometido/a e se apaixonando instantaneamente? Quase nula?

Quase, apresento-lhe Nula.

Eis o que há de errado com essa noção de que só existe uma
pessoa idealmente adequada para você no mundo inteiro: ela é
limitadora demais! Talvez a geração da sua mãe ou mesmo a da
sua avó precisasse acreditar no "Homem Prometido", porque isso
fazia com que parecesse romântico ajeitar-se com o primeiro cara
que a cortejasse, a pedisse em casamento e a resgatasse de uma
vida de solteirona. Afinal, nos anos 1950, uma mulher tinha opções extremamente limitadas à sua disposição. Com alternativas
mínimas de carreira (secretária, professora e enfermeira), as mulheres raramente moravam sozinhas, muito menos comprar imóveis por si mesmas. Fazia sentido que uma mulher solteira nos
anos 1950 precisasse nutrir esperança no aparecimento do Príncipe Encantado, Cavaleiro Branco ou Homem Prometido, que a
arrebataria e proveria o final felizes-para-sempre.

Naqueles tempos, talvez um marido *realmente* resgatasse uma
mulher de sua condição. Dava-lhe um lar, pagava as contas, dava
-lhe filhos e, se ela tivesse sorte, tratava-a com amor e respeito.
Hoje, você não tem de ser esposa de alguém para ter um teto sobre a cabeça, uma conta bancária ou uma casa. Você desfruta do
luxo de ser capaz de prover tudo isso a si mesma.

Vamos verificar de novo a sua realidade. Se você ainda se
agarra firmemente à ideia de que o Sr. Certo está por aí esperando pacientemente a chance de conhecê-la, que o relacionamento de vocês está predestinado nos astros, ou que um dia, em
um futuro não muito distante, algum homem vai aparecer na sua
porta apresentando-se como o "Homem Prometido", e daí vocês
dois poderão finalmente seguir uma vida feliz juntos – pode parar. Você não é a Bela Adormecida nem a Cinderela. É hora de
acordar e arrebentar essa bolha limitadora (para não dizer irritante) que diz que você tem de esperar por algum homem que
não vai aparecer, porque nem existe. Você, minha amiga solteira
e sabida, é fantástica demais para ficar esperando por algum homem, imagine então uma invenção de conto de fadas. Chegou a
hora de jogar longe seus óculos de lentes cor-de-rosa, usar um
belo par de óculos escuros e saltar ousadamente para o século
XXI com os dois pés! A verdade é que neste mundo há toneladas

Contos de fadas se realizam, sim (e outras mentiras que sua mãe lhe contou) 57

de homens solteiros surpreendentes, incríveis, bonitos, ecléticos, inteligentes, criativos, motivados e agradáveis, que morrem de vontade de conhecer alguém como você. Mas, antes de se libertar do cativante feitiço de um final de conto de fadas, você não estará pronta e disposta a vê-los. E mesmo que estivesse, eles não ficariam interessados em você porque você está desesperadamente presa a ideias antiquadas sobre amor e relacionamento.

Isto é, estava, até cinco segundos atrás, certo? Agora que se informou mais, você vai treinar de novo seu cérebro e se comportar conforme as informações novas. Considere este livro como sua nova bíblia da paquera. Você ressurgirá das cinzas, não estará machucada e desgastada por causa dos erros do passado, nem presa a convicções nada realistas sobre o Homem Prometido, porém mais forte, mais centrada e mais autenticamente você mesma do que jamais foi. Você está no jogo para ganhar, e isso significa louvar o fato de que não está mais aguardando o Homem Prometido, mas sim O Homem Sentado ao seu Lado no Balcão de *Sushi*, ou O Homem que Trabalha Voluntariamente No Mesmo Lugar que Você na sua causa favorita, ou O Homem que Está Sorrindo pra Você do Outro Lado do seu *Lounge* de Música Favorito. E agora que você sabe que eles estão por toda parte, cabe a você detectar esses Homens em potencial, lançar-lhes um sorriso atrevido e ver o que acontece a seguir. Isso significa que você está tomando a iniciativa? Não. Significa que está dando sinal verde para o moço tomar a iniciativa. Já que você deu permissão, ele agarrará a oportunidade, se for esperto!

O *bad boy* com coração de ouro

Eis outro mito enlouquecedor que precisa ser exposto ao ridículo agora mesmo. Você é viciada em *bad boys*? Se você passou anos perseguindo caras que não estavam interessados em você, convencida de que, um dia, eles magicamente se transformariam de sapos emocionalmente frios em príncipes doces e sensíveis.

Você não é a única. Na verdade, vou lhe dar um exemplo da minha própria experiência. Ainda me lembro claramente de ter ido ver *Nos tempos da brilhantina*, quando menina. Fiquei maravilhada de ver como a Olivia Newton John ficava linda naqueles conjuntos de saia e suéter estilo *poodle*. O John Travolta era tão bonito em seu traje de couro preto que me fisgou. E quando o complicado relacionamento de Danny e Sandy de repente se transformou em uma união de conto de fadas no fim do filme, meu coração de sete aninhos bateu forte de alegria. O verdadeiro amor *realmente* vencia tudo! Além disso, minha rechonchuda pessoinha pré-adolescente mal podia esperar para ficar tão linda quanto a Sandy naquelas *leggings* pretas justíssimas (e ainda estou esperando!). Mas eis a parte que eu *realmente* me lembro. Quando minha mãe e eu nos levantamos para sair da sala de cinema, enquanto os créditos rolavam na tela, minha mãe se virou para mim e disse: "Na vida real, ele mudaria para agradar a ela".

Ah vai, ela não disse isso!

Pois ela disse, sim.

É de admirar que eu tenha ido atrás de *bad boys* emocionalmente indisponíveis durante toda a adolescência e os meus 20 anos, esperando que eles mudassem, convencida de que eu poderia fazer com que me amassem? Minha mãe não estava tentando me orientar mal de propósito, a respeito do amor e dos relacionamentos. Ela realmente acreditava no que estava dizendo. Acontece que ela também foi educada à base de contos de fadas. E enquanto não me libertava do meu vício em *bad boys* (o que acabou acontecendo), não conseguia vivenciar o amor real e duradouro de jeito nenhum.

É tempo de encarar os fatos de uma vez por todas. *Bad boys* (*meninos maus*, em português) são assim chamados por alguma razão. Eles são M-A-U-S para o seu coração, sua cabeça, suas emoções e seu ego. Camaradas emocionalmente indisponíveis são pura e simplesmente exasperadores. E um sapo continua sendo um sapo, ainda que beije fantasticamente. (Não se preocupe. No Capítulo 11, falarei dos moços que devem ser evitados e de como abrir espaço para alguém realmente bacana que fará seu coração bater mais depressa sem o efeito colateral da náusea provocada pelo *bad boy*.)

E viveram infelizes para sempre

Ao calçar um sapatinho de vidro em um pé delicado, o Príncipe Encantado se apaixonou por Cinderela. A Bela Adormecida foi salva por um beijo mágico do Príncipe Felipe. E, após anos de solidão, Rapunzel conheceu seu vistoso príncipe quando ele

Contos de fadas se realizam, sim (e outras mentiras que sua mãe lhe contou) 59

escalou seus cabelos compridos e lustrosos e a libertou de uma vida no cativeiro da torre.

Avancemos rápido para o novo milênio. Quando a Cinderela sai correndo da balada à meia-noite sem dar explicação, o Príncipe Encantado não apanha seu sapatinho e fica melancolicamente desejoso de rever a garota que sumiu. Em vez disso, ele saca seu iPhone, digita alguns números e arranja um encontro de consolação com alguma das irmãs más dela. E a Bela Adormecida? O Príncipe aproveita sua narcolepsia e navega na internet procurando pornografia, enquanto come toda a comida e bebe toda a cerveja da casa dela. Quanto a Rapunzel, seus apliques acabam caindo e o Príncipe deixa de fazer visitas porque nem estava tão interessado assim.

Encaremos a verdade. No século XXI, estar solteira pode ser brutal. É por isso que é essencial para o seu futuro feliz-para--sempre que você se liberte da armadilha do conto de fadas e quaisquer outras fantasias ridículas de resgate a que você possa estar agarrada. Elas podem ser mais ou menos assim...

> *Eu não tenho que liquidar minhas dívidas/investir na minha aposentadoria/comprar uma casa sozinha. Meu marido, onde quer que esteja, providenciará isso para mim quando ele finalmente chegar.*
>
> *É claro que existem coisas em mim que não gosto, mas quer saber? Quando o homem dos meus sonhos chegar aqui, isso tudo vai desaparecer em um passe de mágica. Assim, por que investir esforço agora?*
>
> *Todos os caras que conheço e namoro são uns panacas. Onde está o meu Cavaleiro Branco? Aquele cara perfeito só para mim...*

Existe uma razão pela qual os conselheiros de relacionamento chamam esse tipo de raciocínio de armadilha do conto de fadas – porque é fantasioso, não saudável e totalmente tóxico. E se você estiver presa nessa armadilha, está ferrada (até se desprender, é claro!). Adiando a responsabilidade pessoal, *não* assumindo responsabilidade por seu comportamento e ações, e adotando a convicção de que, algum dia, um cara simplesmente vai aparecer e resgatá-la de sua vida infeliz, você só consegue fazer o final do seu conto de fadas parecer horrível.

Mas não se preocupe. Há um fim para o seu sofrimento. Tudo que você tem de fazer é se libertar da armadilha do conto de fadas.

Comece verificando honestamente o que vem adiando na sua vida, esperando que um homem vá prover. Você espera que um homem lhe traga segurança financeira? Está vivendo acima dos seus meios, sustentada pela ideia de que o homem certo vai surgir e acertar as suas finanças? Ou, então, há questões emocionais na sua vida as quais você não está disposta a encarar porque acha que são temporárias e que, quando seu par perfeito chegar, elas vão desaparecer em um passe de mágica?

A vida não é um conto de fadas. Você mesma tem de encarar seus demônios e seus defeitos de frente – a partir de hoje! Ao tomar medidas para chegar ao melhor de si, a fim de se libertar de crenças emocionais pouco saudáveis e para celebrar de verdade a linda mulher dentro de você, com todas as suas peculiaridades, você se posiciona de modo que um dia encontre alguém realmente especial. Entretanto, se optar por ficar atolada em alguma disfunção, em crenças limitadoras e com a saúde emocional ruim, a probabilidade de encontrar e almejar alguém incrível cai drasticamente. A escolha é sua. Permaneça presa a uma fantasia de conto de fadas ou encare as realidades muitas vezes duras da vida de frente com humildade, graça e força. É hora de avançar alguns passos na direção de um futuro mais saudável, mais feliz e mais realista.

Como você se sente depois de ler este capítulo? Esclarecida e pronta para encarar seu futuro com uma abordagem mais realista do amor e dos relacionamentos? Ou frustrada, sem esperança e com uma sensação de medo? O objetivo não era estourar seu balão (bem, talvez fosse). Era instruí-la para que possa lidar com os relacionamentos com clareza, esperança e juízo. Agora responda às perguntas da revisão do capítulo para avaliar melhor seu sistema de crenças.

Revisão do capítulo

1. Qual dos contos de fada você assina embaixo? Como eles podem estar sabotando suas chances de amor real?
2. Como você pode começar a incorporar uma visão mais realista de amor e relacionamentos no seu sistema de convicções?
3. Se você estiver atolada em uma armadilha de conto de fadas, como pode se libertar a partir de hoje? Crie um plano de ação e comece a implementá-lo.

Capítulo 5

Presa, presa, solta!

Agora que seu último relacionamento está sumindo, lá longe, você talvez esteja se perguntando o que a aguarda. Ainda que muito provavelmente você tenha aprendido algumas lições valiosas a partir da história desse relacionamento e possa até olhar para o seu futuro nessa área com otimismo, possibilidade e esperança, como garantir um amor melhor da próxima vez? E não só isso, mas como evitar repetir os mesmos erros de relacionamento com outra pessoa, e experimentar resultados diferentes (e mais felizes)? E, o mais importante, como reduzir o tempo gasto nas trincheiras da paquera com o Sr. Errado, abrindo espaço de maneira fácil e sem esforço para o Sr. Próximo (e, finalmente, o Sr. Certo)?

A chave para um futuro bem-sucedido no namoro está na sua capacidade de aprender rápido, adaptar-se à mudança e, em última instância, evitar ficar presa à miríade de armadilhas na jornada do *Buáá!* para o *Uhuuu!* Em seguida há uma relação dos modos mais comuns pelos quais as mulheres desperdiçam dias, semanas, meses e até anos de vida em um relacionamento errado ou entre relacionamentos. Veja de quais armadilhas você é presa fácil, e o que pode fazer para se soltar.

> **Direto dos *arquivos das mulheres destemidas*...**
>
> "Tive um relacionamento com uma pessoa que me fazia sentir tão indigna que eu não tinha força para sair, mesmo que dissesse a mim mesma que devia. Foi ele quem terminou. No início fiquei desconcertada, por não o deixá-lo antes. Depois percebi que minha única saída era ele ir embora." – *Laura*

Armadilha nº 1:
Você fica tempo demais no relacionamento errado

Seja sincera. Você alguma vez ficou tempo demais em um relacionamento errado? Ou você – *glup* – cronicamente gruda nos moços muito mais tempo do que sabe que deveria, só para depois se arrepender de ter desperdiçado tempo, energia e infelicidade? Se você pertence a uma dessas categorias, não se estapeie. Na verdade, você está em excelente (e vasta) companhia. A maior parte das mulheres fica tempo demais no relacionamento errado ao menos uma vez, se não repetidas vezes.

Por quê?

Na minha prática de *coaching*, acabei entendendo as razões mais comuns que as mulheres têm para escolher ficar presas (sim, elas realmente fazem essa escolha). Veja quais delas se parecem mais com você.

Razão nº1:
Você teme que não apareça mais ninguém

Muitas mulheres fantásticas permanecem no relacionamento errado porque secretamente temem que não possam conseguir nada melhor. Por mais que elas queiram acreditar que exista o amor real e duradouro com um parceiro perfeito, sentimentos de medo e incerteza são tão predominantes que elas se convencem de que é melhor ficar com o homem que têm do que arriscar ficar solteira e sozinha.

Isso é especialmente comum à medida que a mulher fica mais velha. Quando chega ao fim dos 30, aos 40 ou mesmo 50 anos, a mulher geralmente se torna vítima do mito da escassez que diz que não há homens bons disponíveis, e que se ela está saindo com alguém ou em um relacionamento fixo, tem sorte de ter um homem, mesmo que ele não a trate bem. O problema com esse pensamento limitado é que essa mulher decide que, embora esteja em um relacionamento que não seja exatamente o que ela esperava, é melhor que nada. E, em vez de buscar aquela força interna no fundo de si para se livrar do Sr. Errado, ela passa anos (e até décadas!) no relacionamento errado tentando fazer com que ele funcione, mas se sentindo cada vez mais frustrada, insatisfeita e, bem... presa.

O resultado? Vive uma vida no limbo, questionando constantemente: "Será ele o Homem Prometido?", ao passo que sabe, o tempo todo, lá no fundo, que a resposta é "Não" (Sem mencionar que nunca vai encontrar um homem mais adequado para ela, porque todos já têm dona!).

Quando e *se* essa mulher *de fato* for embora (ou se e quando o cara for embora – o que, infelizmente, é um acontecimento mais provável), ela vai querer se estapear por ter ficado tanto tempo com ele. É um cenário nada saudável de perde-perde em que as mulheres se colocam. E se isso lhe soou familiar, você também tem admitido uma crença limitada que tem como resultado mantê-la presa em um relacionamento mais ou menos.

Isso lá é jeito de viver? Não. Mas milhões de mulheres incrivelmente espertas, bem-sucedidas e sabidas vivem assim, porque é muito assustador, desconhecido e incerto cair fora, especialmente se todas as suas amigas estão casadas, com filhos e inteiramente cegas para o empenho da moça solteira.

Direto dos *arquivos das mulheres destemidas*...

"Fiquei tempo demais no meu último relacionamento porque as coisas iam bem no presente, mas ele simplesmente não via um futuro comigo. Ele sempre dizia que 'não tinha certeza', tampouco não conseguia ver seu futuro sem mim. Era como ficar presa no limbo. Durante muito tempo, eu tinha uma situação boa demais para abandonar, mas também incerta demais para manter. No fim, eu meio que forcei uma conversa sobre o nosso futuro (antes que eu resolvesse pedir

> demissão do meu emprego, cortar raízes e me mudar para Seattle para ficar com ele). Ele disse que não podia mais continuar o relacionamento. Não resisti nem lhe implorei que ficasse nem nada do gênero, porque imaginei que se eu tinha de convencê-lo de que era a pessoa certa para ele, na verdade eu não era. Ele saiu porta afora e acabou assim." – *Tanya*

Não seja essa garota. Em vez disso, convoque sua força interior, peça o que quer, precisa e deseja e, se e quando todos os sinais apontarem para Soltar Lastro, faça isso. Não entenda mal, não estou advogando rompimento para todos. Mas em algum momento você tem de perguntar a si mesma: *Esse relacionamento está dando certo?* E se você tiver feito tudo que pôde para tentar fazer a coisa dar certo e mesmo assim não estiver (e o seu homem não estiver disposto a mudar, adaptar-se ou crescer), você tem de encarar os fatos. Goste ou não, você não consegue fazer milagres. Relacionamentos são vias de mão dupla e, se um dos dois não estiver disposto a participar do crescimento e aperfeiçoamento, ambos sofrem as consequências. Se o relacionamento, do jeito que é, dá certo para o seu parceiro, mas não para você, não perca anos em indecisão. Aja o mais rápido possível e caia fora. Seu futuro feliz-para-sempre depende disso!

Razão nº 2:
Você está pendurada no "potencial" dele

Essa é outra razão pela qual as mulheres ficam presas em relacionamentos errados. Sendo as pessoas que somos, dedicadas a agradar e cuidar, nós facilitamos muito a vida de nossos parceiros. Embora isso possa ser uma ótima qualidade no relacionamento certo, no caso errado pode se tornar um peso – e uma venda para os olhos. Quando se concentra muito no potencial de um homem, ignorando quem ele é de fato, você sabota sua capacidade de tomar decisões inteligentes quanto ao que é possível no relacionamento, para não falar do julgamento quanto à verdadeira capacidade do seu parceiro. Para ter uma ideia melhor do que quero dizer, pense quantas vezes você ou alguém que conhece disse alguma das coisas a seguir:

Ele tem um coração tão bom! Se ao menos ele fosse um pouco organizado...

Ele ainda está tentando definir o que quer fazer da vida. Quando descobrir, ele entra nos trilhos.

Quando as coisas estão bem entre nós, nosso relacionamento é incrível. Quando não estão, ele é muito... difícil.

As coisas seriam perfeitas se... (complete a frase: *se ele se abrisse para mim, se ele abandonasse suas inseguranças, se ele parasse de me criticar tanto,* e assim por diante).

Ou ainda, quantas vezes você (ou alguém que você conhece) tolerou as idiossincrasias de um moço, mesmo sabendo, lá no fundo, que ele, na verdade, não cumpre tratos? Coisas como:

* Ele diz que está realmente a fim de você, mas simplesmente não dorme com você.
* Ele jura que a ama, mas vive insultando, rebaixando ou agredindo você verbalmente.
* Ele alega querer um futuro com você, mas não consegue se organizar financeiramente e menos ainda comprometer-se a morarem juntos, ficarem noivos ou marcarem a data do casamento.
* Ele jura que você é sua prioridade número um, mas todo o resto vem antes de você: trabalho, videogames, os amigos e o cachorro dele.

Vamos ser claras. Dar muita moleza para o camarada errado só vai diminuir as *suas* chances de, um dia, vivenciar o verdadeiro sucesso de um relacionamento. Sim, é importante ter a cabeça aberta, ser compreensiva e realista. Mas se você passa todo o seu relacionamento achando desculpas para explicar por que determinado homem não pode ou não quer se casar com você, como a infância dele o estragou para sempre e, portanto, o que ele necessita é paciência e compreensão, ou por que é função *sua* salvá-lo, você está caminhando para um rude despertar, para não falar na jornada pedregosa.

A dura verdade do amor é esta: se algum homem a está enganando, nunca entrando em um acordo e, no geral, não se mostrando emocionalmente disponível para você...

66 A fila anda! Mulheres poderosas não choram

* Ele não sente por você o mesmo que você sente por ele.
* Ele não é igual a você.
* Ele nunca vai se casar com você.
* Ele nunca vai querer ter filhos com você.
* Sem querer ficar banal, mas ele simplesmente não está tão a fim de você!

E não é só isso; você vai ter que carregá-lo – emocionalmente e/ou financeiramente – pelo resto do tempo do seu relacionamento. Não romantize essa ideia. É um trabalho duro. Além disso, é algo estafante que, muito provavelmente, vai impedir que você faça o que precisa fazer na sua vida. Se você decidiu que essa é a estrada que quer tomar, boa sorte. Mas antes de seguir adiante demais, dê uma boa olhada para o caminho que está escolhendo. Certifique-se de estar à altura do sacrifício. E pergunte a si mesma: Ele vale tudo isso?

E não responda como uma mártir cheia de preocupações, que tem de assumir as inadequações do homem que ama. Responda como a mulher autêntica, forte, incrível e independente que você realmente é.

Mais uma coisa antes que você tome sua decisão final quanto a ficar firme ou jogar a toalha em relação ao Sr. Talvez (ele nem merece o status de Sr. Próximo). Um homem que põe a culpa de suas desditas e seus problemas de comprometimento em uma infância horrível ou em um chefe péssimo ou em alguma ex-namorada que o arruinaram para sempre não é nada interessante, nem *sexy*, nem digno da sua compaixão. Existe uma porção de homens felizes, saudáveis e emocionalmente disponíveis no mundo, que podem ter tido ou não uma formação difícil. Só que eles não estão no telhado gritando isso. Ao contrário, estão vivendo vidas normais como homens crescidos que se livraram da necessidade de jogar a culpa em alguém pelo que lhes aconteceu alguma vez, e são pessoas emocionalmente estáveis prontas para ter um relacionamento real. Um homem *desses* seria merecedor de seu tempo, energia e atenção (e seria um possível candidato a Sr. Certo!). Mas se você estiver muito ocupada cuidando de algum cara com problema psicológico ou que é o rei do drama, nunca estará disponível para conhecer um pretendente fantástico assim. Problema seu!

> **Direto dos *arquivos das mulheres destemidas*...**
>
> "Tive um relacionamento com um agente secreto do FBI. Descobri que ele estava sob profundo disfarce em nosso relacionamento também, posando como alguém confiável e amoroso. Ele foi um idiota até eu descobrir que estava me traindo, mas continuei até não aguentar mais. Não o confrontei falando de suas escapadas, porque ele teria negado. Em vez disso, embalei minhas coisas e fiquei pronta para ir embora embaixo do seu nariz de 'detetive'. Ele era tão cheio de si que não percebeu o que eu estava fazendo. Quando fiquei pronta (foi a pior semana da minha vida), eu me despedi dele de manhã quando saiu para o trabalho, liguei para minha amiga e ela me encontrou em um estacionamento, onde transferi todas as minhas coisas para o carro dela. Deixei um bilhetinho e *fui embora para sempre*. Foi a coisa mais poderosa que já fiz na vida." – *Trish*

Embora a reação de Trish – ir embora na surdina – possa parecer um tanto drástica, ela é uma realidade para muitas mulheres. Se isso tem a ver com você, não se envergonhe! Você está defendendo a si mesma.

Razão nº 3:
Você acha que está velha demais para recomeçar

Na minha prática de *coaching*, trabalho com mulheres de todas as idades. Entretanto, há uma porcentagem significativa de mulheres na casa dos quarenta e cinquenta que me procuram, preocupadas, porque passaram do tempo de experimentar um amor real e duradouro. Uma das coisas que elas têm em comum é que passaram a vida colocando as necessidades de todo mundo à frente das suas. Muitas se casaram cedo. Tiveram filhos ainda jovens e, ao longo do caminho, se divorciaram. Tornaram-se mães "solteiras". E em algum ponto caíram em um relacionamento do tipo ata-reata com um homem que era emocionalmente fechado, espiritualmente machucado e/ou, de algum outro jeito, não estava em pé de igualdade com elas. Nunca se casaram, nunca moraram juntos e, na altura em que essas mulheres me procuram, estão C-H-E-I-A-S desse drama todo. Estão também à beira de ter um ninho vazio. Na verdade, estão no modo pânico: os filhos cresceram, o ex foi embora – desta vez de uma vez por todas. E ali estão elas, aos 49 ou 54 ou 57 anos, solteiras e sozinhas.

É terrível!

Mas sabe o que mais? É total e absolutamente fabuloso! Porque, por mais tarde que essas mulheres percebam que estão florescendo, elas finalmente estão prontas para fazer a opção consciente de colocar suas próprias necessidades em primeiro lugar. Estão finalmente prontas a dizer "Sim! Eu mereço essa vida com a qual só ousava sonhar antes! Sim, estou pronta para o amor real e duradouro. E, a caminho da minha nova visão de *feliz-para-sempre*, vou namorar, amar a mim mesma e recriar uma vida que eu ame".

Os resultados sempre são notáveis. Homens bonitos, interessantes e disponíveis aparecem de todos os lados. Novas oportunidades de carreira se apresentam. Floresce o amor e a atenção para consigo mesmas. É um prazer tão grande testemunhar essas mulheres que emergem de seus próprios casulos gastos para se tornarem as brilhantes borboletas que deveriam ser!

Você acha que está velha demais para recomeçar? Pense duas vezes.

A verdade é que nunca é tarde demais para recriar o seu *feliz-para-sempre*, tenha você 25, 31, 43, 55 ou 60 anos! Em lugar de adiar isso por mais um tempo – digamos, ficando mais seis meses, seis anos ou (*glup!*) para sempre com o Sr. Errado –, por que não começar sua nova vida hoje? Não é tão assustador como pode parecer. E, ao dar um passo na direção da vida que você sabe que gostaria de viver se pudesse deixar o seu jeito habitual, você chega mais perto de manifestá-la realmente. Além disso, você troca o tipo de pessoa que fica atraída por seu estilo de vida e, em última instância, atrai potenciais parceiros que podem, um dia, se tornar seu par ideal. Adoro isso!

Armadilha nº 2:
Você gasta tempo demais tentando trazer seu ex de volta

Esta é outra armadilha perigosa na qual muitas mulheres se veem cair e atolar ao longo da jornada em direção ao feliz-para-sempre.

Mesmo depois que ocorre o rompimento, muitas mulheres são presas da ideia esperançosa de que seu ex pode mudar em um passe de mágica, fazer uma reversão emocional e proclamar seu amor eterno por ela.

Vou dizer o que há de errado com esse cenário. Se ficar constantemente se voltando para o passado, imaginando se ainda há esperança e se preocupando se o seu ex já seguiu seu caminho, e se, no geral, ficar adiando sua vida por focar no lugar errado, você só vai garantir um resultado – permanecer presa. E isso não é o jeito certo de viver sua vida.

Uma das razões pelas quais tantas mulheres ficam presas a esperar, imaginar e desejar que seu ex volte é o que vou dizer. Elas pensam que o melhor relacionamento, amor e conexão que jamais poderão vivenciar com um homem ficou no passado. Acreditam que mesmo que as coisas não tenham sido perfeitas no relacionamento, seu ex certamente foi o Homem Prometido, que as conhecia melhor que qualquer pessoa, e que a conexão que sentiam era tão especial e eletrizante que jamais viverão isso novamente com outra pessoa.

Soa familiar?

Se você respondeu *não*, parabéns. Você acaba de se esquivar da perigosa armadilha de Ficar Presa. Se respondeu *sim*, não se estresse.

A boa notícia é que você está errada. A má notícia é que ficar presa nessa armadilha é uma opção. Como dona do seu destino, compete a você escolher livrar-se desse raciocínio limitado. Mas enquanto você não mudar seu sistema de crenças, colocando o amor real e duradouro, a conexão profunda e a paixão com poder de permanência no futuro, tudo isso vai permanecer onde está – no seu passado.

Em vez de perder mais tempo, energia e emoções contemplando o espelho retrovisor do relacionamento, faça-se um grande favor. Faça uma lista de todas as características, qualidades, experiências e atributos dos antigos relacionamentos que você amou, prezou, apreciou e adorou. Vá e faça a lista agora ou durante a revisão deste capítulo. Faça um inventário do que você quer repetir, no próximo relacionamento, de relacionamentos anteriores. Coisas como...

70   A fila anda! Mulheres poderosas não choram

* Ataques de riso incontroláveis só por estarem se divertindo muito juntos.
* Música romântica, uma garrafa de vinho e vocês juntos na cozinha, cozinhando.
* Alguém para acariciar seu rosto e dizer que a ama.
* Alguém que faça você se sentir a mulher mais linda da sala, mesmo que haja mulheres maravilhosas presentes.
* A sensação de ser inteiramente compreendida, sem a incerteza de não saber quanto vai durar essa sensação.

Em vez de ficar sentindo saudade dessas características, qualidades e experiências do passado, coloque-as à frente, no seu futuro. Acolha a ideia de que isso ainda a espera. Que você pode e vai experimentar de novo toda a beleza do seu último relacionamento, sem a dor, angústia, decepção, confusão, concessões e desespero do passado. Você e só você criará seu futuro. Por que não pintar um quadro mais animador e vibrante?

A partir de hoje, pare de olhar para trás e simplesmente vá em frente. Devagar, mas com segurança, siga sem medo para o futuro. Quer você saiba ou não, seu futuro está adquirindo uma forma mais fantástica de bem-estar enquanto você lê este capítulo. Compete a você continuar o processo de reinvenção. Vá em frente, garota! Mãos à obra!

Armadilha nº 3:
Você tem tanto medo de se machucar de novo que se fecha

Mesmo depois de ter deixado um relacionamento errado e começar a caminhar rumo ao futuro, ainda há muitas armadilhas às quais você deve ficar atenta. Uma das mais comuns é cair na crença nada saudável de que os relacionamentos são tão dolorosos, decepcionantes e dramáticos que você nunca mais vai querer tentar de novo. Convencida de que o amor é um campo de batalha, você veste um colete à prova de balas, saindo do seu casulo pós-rompimento como um guerreiro ferido. Embora aprender lições a partir de relacionamentos do passado seja importante,

Presa, presa, solta!

nesse caso você não ficou nem um pouco mais sábia. Apenas se tornou emocionalmente fechada e psicologicamente ferida.

Tais resultados incluem:

* Sempre que um moço mostra o menor interesse por você, você fica desconfiada e encontra uma porção de razões para rejeitá-lo, livrar-se dele ou descartá-lo.
* Quando conhece um cara legal que poderia ter potencial, você instantaneamente começa a criticar tudo nele, assegurando-se de que não há a menor possibilidade de vir a sair com ele.
* Cada vez que suas amigas solteiras se saem bem namorando um cara ótimo, você encontra motivos para dizer que isso é uma exceção à regra e que não há mais nenhum homem bom disponível.
* Você preenche seu tempo livre com trabalho, raramente (ou nunca) aceitando convites para atividades sociais fora de sua zona de conforto.

Parece familiar?

Permita-me ser clara em uma coisa. Quando se está no processo de curar o coração, é importante respeitar a necessidade de autoproteção. Você nunca deve se colocar na roda antes de estar pronta. Mas essa rotina pós-relacionamento que estou comentando aqui ocorre *muito depois* de você ter curado seu coração. Quando você não está mais recolhendo os cacos da sua vida anterior, mas tem tanto medo de criar uma nova vida que opta por ficar indefinidamente no limbo, evitando o universo do namoro, rejeitando todo homem que chegue a menos de 15 metros de você e, de modo geral, construindo muros emocionais tão altos que ninguém consegue passar por cima.

Ao escolher ficar presa nesse cenário, você acha que está se mantendo a salvo e garantindo que ninguém machuque seu coração de novo. Talvez esteja certa. Mas você também está passando ao largo da vida e das incríveis possibilidades que a aguardam. Quando você sai do jogo antes que as coisas tenham a chance de ficar interessantes, você basicamente diz ao universo que a tire da corrida por um futuro fantástico, e possivelmente perde aventuras incríveis, como, por exemplo:

72   *A fila anda! Mulheres poderosas não choram*

* Redescobrir como você é maravilhosa e o que a vida tem a lhe oferecer quando você abandonar o casulo pós-rompimento e aprender a voar.
* Aplicar as lições aprendidas, tornando-se mais saudável emocionalmente e vindo a fazer escolhas melhores no que se refere ao tipo de homem que atrai.
* A oportunidade de se tornar um objeto de desejo, com uma porção de homens ligando para convidar *você* para sair.
* A chance de recriar o que for possível para você na sua vida, carreira, romance, família, saúde e espiritualidade.
* A dádiva de se apaixonar de novo e, desta vez, por alguém verdadeiramente incrível que vai amá-la também com tudo que tiver.

Você realmente quer dispensar tudo isso? A vida é curta demais para a gente desistir de tentar. Em vez de ficar permanentemente se colocando no banco de reserva e perdendo suas chances de recriar o futuro, por que não aplicar àquelas lições duramente aprendidas e respeitar o seu coração, responsabilizando-se e fazendo escolhas melhores daqui em diante? Existe muita coisa reservada para você, mas você tem de estar disposta a correr o risco. Precisa estar pronta também a cometer erros e a sofrer algumas quedas pelo caminho e sempre estar disposta a se levantar, sacudir a poeira e tentar de novo. Dá medo? Claro. Mas como vale a pena!

Armadilha nº 4: Você repete os mesmos padrões de flerte e relacionamento

Quando revê seu histórico de relacionamentos, você vê um padrão conhecido (e possivelmente que não funciona)? A resposta pode ser sim se você se vê com homens de tipos aparentemente diferentes, mas, relacionamento após relacionamento, logo descobre os mesmos resultados desbotados e não satisfatórios, como, por exemplo:

* Está namorando mais um homem que a põe para baixo, não acredita em você e a critica constantemente.

* Atrai outro *workaholic* ou viciado que coloca seus vícios e demônios antes de você.
* Encontra mais um homem que tem problemas com intimidade e não consegue se abrir para uma ligação real e duradoura.
* Deixa-se engraçar por outro homem que não é do seu nível, só porque ele é o único que está atrás de você.
* Sente-se frustrada por não conseguir fazer o relacionamento dar certo – de novo!

A maior parte das mulheres fica presa nessa rotina até fazer a escolha consciente de tomar juízo e mudar de comportamento. Sim, mudar o tipo de resultado vivenciado começa com V-O-C-Ê e seu comportamento. Afinal, foi você quem disse sim aos *workaholics*, viciados, compromissofóbicos e outros homens emocionalmente subdesenvolvidos. É você quem concorda em continuar saindo com eles, mesmo sabendo que não são iguais a você ou que você não gosta do modo como a tratam. Enquanto não estiver disposta a dizer não ao Sr. Errado (mesmo sem ter a menor ideia de quando o Sr. Certo vai aparecer), você vai obter exatamente os mesmos resultados que sempre obteve.

A partir de hoje, você tem de acreditar que os melhores resultados de um namoro são algo possível para você. Isso pode exigir alguma prática, mas comece com este simples exercício. Pergunte a si mesma como você define namoro, relacionamento e/ou amor. Comece dizendo "Namorar é algo..." e complete a frase. Se suas respostas incluírem palavras como sem futuro, frustrante, capenga, decepcionante e assim por diante, está vendo como você está manifestando de fato esses resultados com base no seu sistema de crenças?

Agora, redefina namoro, relacionamento e/ou amor dizendo "Namoro/Relacionamento/Amor é algo..." e criando um vocabulário totalmente novo, saudável e feliz. Você pode incorporar, por exemplo, as palavras feliz, saudável, interessante, abundante, disponível, divertido, libertador, mútuo e assim por diante. O objetivo disso é tirá-la da sua rotina revigorando a maneira como se sente com relação às suas chances de vivenciar o tipo de relacionamento que quer e merece.

74 A fila anda! Mulheres poderosas não choram

·················· **Revisão do capítulo** ··············

1. Recapitule as armadilhas em que você pode estar presa. Quais ressoam mais? A partir de hoje, como você pode se desprender delas? Faça um plano de ação e siga-o.
2. Se necessário, recrie seu vocabulário referente a namoro. Faça uma lista de termos que definem como você via o amor e os relacionamentos, e então substitua as definições velhas, negativas ou limitadoras com palavras felizes e saudáveis. Pratique esse exercício em voz alta, de manhã e à noite, por trinta dias.

Capítulo 6

A pergunta de um milhão de dólares

Antes de conseguir deixar o passado para trás e criar espaço para o Sr. Próximo e o Sr. Certo, você precisa ter uma ideia muito clara do que a espera, não só no amor, mas na vida. E como ter essa ideia? Fazendo-se esta simples pergunta: *Como eu quero ser amada?*

Releia essa pergunta algumas vezes. Talvez seja bom fazer a pergunta em voz alta.

Quando você faz a pergunta, que sentimentos, pensamentos e emoções surgem? Você se sente incerta, ansiosa, animada, temerosa, inspirada ou em uma combinação de algumas dessas emoções? Não importa o que apareça, é importante reconhecer esses sentimentos. É essencial também começar a responder à pergunta. Talvez você não saiba, mas seu futuro luminoso já existe. Os detalhes podem estar imprecisos, mas ele está lá esperando por você. Sua função hoje, e daqui em diante, é clarear esse futuro respondendo à pergunta.

Portanto, pergunte-se de novo: *Como eu quero ser amada?*

Qual é sua resposta inicial a essa pergunta? Ela poderia ser:

76 A fila anda! Mulheres poderosas não choram

A. Não faço ideia.
B. Só quero ser amada. Por que tenho que definir algo além disso?
C. Quero ser amada do jeito que COLOQUE O NOME DO SEU EX me amava. Não era perfeito, mas era bom.
D. Quero ser amada como nunca fui amada antes. O amor que me chega é sem esforço, apaixonado, belo, transformador, libertador, igualitário, disponível, delicioso...

Qual dessas respostas condiz mais com você? Tenha em mente de que não há resposta certa ou errada neste assunto. Entretanto, o modo como você responde afeta o tipo de futuro que está se desenvolvendo.

Vou esclarecer isso. O modo como você responde à pergunta é o modo como o amor se mostrará a você em *todas* as áreas da sua vida. Portanto, se você respondeu A. *Não faço ideia,* que tipo de resultados você acha que vai manifestar? Ou indo mais ao ponto, você acha que o amor vai aparecer? Uma vez que você não faz ideia da aparência ou sensação que terá... e se ele aparece e você não o reconhece? Lamentável!

Se você respondeu B. *Só quero ser amada. Por que tenho que definir algo além disso?,* como acha que o amor vai lhe aparecer? É mais do que provável que deixe que ele apareça sob muitas formas diferentes. Você dirá sim a homens tremendamente inadequados porque, pelo menos, eles a abordaram; aceitará empregos só porque foram oferecidos, apartamentos, porque estavam disponíveis, e amigos, porque calhou de aparecerem na sua vida. Ao longo do caminho, muitas vezes você se perguntará por que a vida e o amor parecem ser tão aleatórios e por que coisas incríveis acontecem a outras pessoas, enquanto que a sua vida parece ser uma longa série de coincidências. Embora esse resultado seja melhor do que nenhum, não é nada que chacoalhe seu âmago ou acelere o coração.

Se a sua resposta tendeu para a C. *Quero ser amada do jeito que FULANO me amava...,* você muito provavelmente vivenciará níveis moderados de felicidade e satisfação, no que se refere à vida e ao amor. Mas, sinceramente, com um sistema de crenças que essencialmente diz "Bem, eu nunca dei muito certo no amor e, portanto, acho que nunca darei certo", ou "Aquele amor de conto

A pergunta de um milhão de dólares

de fadas não existe, portanto é melhor aceitar o que eu conseguir", você só está repetindo as mesmas convicções limitadoras
novamente. E isso se dá não só no departamento do amor romântico, mas em todas as áreas da vida. Com esse raciocínio limitado definindo o que lhe é possível, você provavelmente
desfrutará de uma vida medíocre com resultados medíocres.

* Terá reajuste de salário anual, mas nunca aquela promoção formidável com a qual sonha secretamente (e
  muito menos dará um grande passo na profissão dos
  seus desejos).
* Vai ficar sentada assistindo enquanto todas as suas amigas
  se casam, se estabilizam e têm filhos, e, na verdade, vai se
  convencer de que você não merece, ainda que secretamente deseje tudo o que elas têm.
* Viverá dentro de suas posses, mas nunca experimentará a
  verdadeira abundância (tradução: você nunca fará aquele fabulosíssimo cruzeiro pelo Mediterrâneo que sempre
  quis, nem trocará seu carro quitado por aquele novo que
  é mais alinhado com seus valores essenciais, porque teria
  de pagar prestações mais algum tempo, nem comprará
  seu primeiro imóvel porque parece que isso apertará
  muito seu orçamento, e assim por diante).
* Continuará a namorar ocasionalmente uns caras que a
  convidam para sair, e se perguntará para sempre por que
  os homens que se interessam por você não estão à sua altura, enquanto que os homens por quem você se interessa não lhe dão a mínima.
* De tempos em tempos, perguntará a si mesma se isso é o
  melhor que pode haver, mas a maior parte do tempo você
  aceitará essa vida mais ou menos, porque querer mais
  que isso é muito desconfortável e incerto. Você não é de
  assumir riscos, então é melhor ficar como está.

Quando olha para essas vidas e escolhas, elas lhe parecem
misteriosamente familiares? É como se você tivesse vislumbres do
seu futuro? Se for assim, qual a sensação disso? Existe um certo
nível de aceitação resignada ou essa visão do futuro lhe dá arre-
pios de pavor?

78   A fila anda! Mulheres poderosas não choram

Repito, não há respostas certas ou erradas a essa pergunta. Entretanto, tenho a esperança de que você esteja acordando para a ideia de que *se* tudo e qualquer coisa for possível (e é), você pode se tornar uma garota corajosa e ir atrás.

Agora, se você respondeu D. *Quero ser amada como nunca fui amada antes. O amor que me chega é sem esforço, apaixonado, belo, transformador, libertador, igualitário, disponível, delicioso...* você já é uma garota corajosa. Assim, o que acha que lhe acontecerá?

Você começará a mudar suas experiências de vida de maneira profunda e sem esforço. Oportunidades de flerte aparecerão em cada esquina. O amor lhe chegará mais facilmente. Oportunidades profissionais aparecerão à sua frente sem esforço. Os desafios da vida serão facilmente resolvidos com pouco ou nenhum drama. Tudo isso porque você disse sim à possibilidade e está aberta à ideia de que um amor real e duradouro esteja disponível para você, mesmo que nunca o tenha experimentado antes. Amém a isso!

Se a pergunta a assusta ou intimida, respeite esses sentimentos. Mas não pule este capítulo nem ignore a questão. Você chegou até aqui. Por que não continuar sendo corajosa e ousada, invocar sua força interior, cavar lá no fundo e buscar respostas excitantes? Mesmo que você nunca tenha vivenciado tão bela abundância e tanta possibilidade antes, anime-se por um momento e sonhe ALTO.

Digamos que você possa planejar o amor mais perfeito possível. Sem se limitar ao amor romântico; trata-se de como o amor aparecerá para você nas amizades, vida profissional, abundância financeira, saúde e espiritualidade. Que aspecto tem o amor ilimitado, para você?

Se você está com dificuldade para dar resposta, experimente o poder desta definição:

> *O amor é um recurso ilimitado que flui sem esforço para a minha vida e me preenche, traz alegria para mim e para todos ao meu redor, energiza minha alma, alimenta meu intelecto, deixa uma sensação de paz, cura todas as feridas, está disponível em abundância e acalenta o meu mundo.*

Melhor ainda, escreva agora a sua própria resposta mágica e transformadora para a seguinte pergunta.

Como quero ser amada? (Lembre-se, sonhe alto!)

_____

_____

_____

Quando tiver terminado esse exercício, leia-o de novo. Repita em voz alta.

Qual a sensação de definir o que é possível para você nesses termos abundantes? Não importa como tenha sido a sua infância, quão insatisfatórios o amor e os relacionamentos tenham sido para você no passado, ou como você se sente neste preciso momento em relação à sua vida, você vê como o seu sistema de crenças pode mudar tremendamente, só de abrir sua mente à ideia do que lhe é possível?

Se você estiver disposta a dar um passo largo e responder à pergunta *Como quero ser amada?* de maneiras que nunca considerou possíveis, como poderia ser seu futuro? Quanto seria diferente daquele que você imaginava há cinco minutinhos?

Amigas do Facebook participam

Quando perguntei no Facebook *"Como você quer ser amada?"*, eis o que algumas das minhas amigas disseram...

"Ame a si mesma – então você sempre terá alguém para amar e por quem ser amada." – REVVELL

"Ame os outros do modo como quer ser amada. O que vai, volta." – GIL

"Aprender a amar e aceitar a si mesma como um indivíduo único é o que ajuda os outros a saberem como amar e aceitar você. Tudo começa de dentro." – KARLA

Quando você muda o seu sistema de crenças e sonha alto ao responder à pergunta *Como quero ser amada?*, seu futuro começa a adquirir novas possibilidades bem animadoras, que podem incluir:

80 — *A fila anda! Mulheres poderosas não choram*

1. Uma nova oportunidade profissional cai de repente no seu colo.
2. Aquele gatinho que você anda espiando na academia finalmente a convida para sair.
3. Um apartamento no condomínio que você queria loucamente deixa de ser vendido e você é convidada a fazer uma oferta.
4. Uma sorte financeira inesperada a beneficia, do nada.
5. Seu quadro/roteiro/monólogo é aceito para integrar uma grande mostra/concurso/show.

Você está pegando o espírito da coisa? Ao responder àquela pergunta simples, mas profunda, você está, na verdade, recriando o futuro que vai se desenvolver à sua frente. Isso é poderoso!

De volta para o futuro

Para entender melhor como o seu futuro modela o seu presente, tente fazer o exercício que vou apresentar a seguir. É um guia poderoso e profundo que vai ilustrar ainda mais o poder contido na redefinição de como você quer ser amada. Para começar, leia a próxima seção por completo e depois faça o exercício sozinha.

Primeiro, ponha-se confortável, de preferência em uma cadeira gostosa, ou deitada no sofá ou na cama. Feche os olhos e respire profundamente algumas vezes, limpando o organismo. Deixe que os pensamentos velozes que obstruem sua mente se afastem pouco a pouco. Quando o ritmo mental tiver diminuído, respire fundo mais algumas vezes, centre-se e coloque-se em estado mais relaxado.

A seguir, imagine com o olho da mente que existem cinco portas fechadas à sua frente. Elas representam os vários caminhos que você pode tomar rumo ao futuro. Eis o que cada porta representa...

Porta número um: A porta mais à esquerda leva ao pior futuro que você seja capaz de imaginar. Morte, dor, perda, raiva e traição alojam-se atrás dessa porta. Você pode até ver, cheirar e sentir a fumaça, o calor e a decadência através da porta fechada. O que a aguarda nesse futuro não passa de sofrimento, desespero e perda.

Porta número dois: Ao lado da porta número um está a porta número dois. Atrás dessa porta há o leve odor de torrada queimada, lixo em deterioração e uma sensação geral de algo desagradável. Embora não seja tão sombria, sinistra e assustadora como a porta número um, você sabe que essa porta número dois oferece uma previsão igualmente desolada quanto ao futuro. Tente verificar como você se sente em relação ao futuro que está atrás dessa porta, antes de ir para a próxima.

Porta número três: Em comparação com as duas primeiras, a porta número três não parece tão ruim. Além dela há um futuro moderadamente medíocre. Nada que anime muito, mas também nada terrivelmente trágico. Você poderia facilmente navegar a vida que se estende atrás dessa porta, mas saiba que não haveria muito amor, abundância nem possibilidade.

Porta número quatro: A seguir, a porta número quatro franqueia o caminho para um futuro razoável. De novo, nada de desolador ou brutal, mas também nada excepcionalmente belo ou de tirar o fôlego. A vida seria boa se você entrasse por essa porta rumo ao futuro. Mas uma existência mais ou menos é o que você realmente deseja?

Porta número cinco: E então vem a porta número cinco. Através dessa magnífica porta, você pode sentir calor, amor, energia abundante e até um suave cheiro de cookies mornos com gotas de chocolate. A porta número cinco leva a um futuro maravilhoso. Um futuro cheio de possibilidades, prazer, alegria, abundância e muito mais.

Com os olhos ainda fechados, visualize mais uma vez todas as cinco portas fechadas. Experimente realmente a sensação do que está atrás de cada uma delas. Pergunte a si mesma qual porta quer abrir. Qual futuro parece mais atraente e possível para você? Sem qualquer julgamento, escolha sua porta. Depois de escolher, imagine-se caminhando em direção a essa porta. E quando você chega mais perto, a porta se abre, mostrando um vislumbre do que há lá dentro. Preste atenção no visual, cheiros e sons à sua frente. Respire fundo nesse momento, e então, quando estiver pronta, imagine-se passando pela porta e entrando no seu futuro.

Ao entrar no futuro, o que você vê? Olhe em volta. Você está dentro ou fora? Há uma mulher à sua frente; é você no futuro. Dê uma boa olhada. Como ela está? Que idade parece ter? Observe o máximo possível de detalhes que digam quão longe no futuro você seguiu. Alguns meses, alguns ou muitos anos? Qual a aparência de sua pessoa no futuro? Ela está feliz, triste, estressada ou tranquila? Olhe para ela um bom tempo.

A seguir, expanda sua percepção de maneira que veja que há um homem com a sua pessoa futura. É o homem que você manifestou no seu futuro. Qual a aparência dele? Como está interagindo com a mulher (você)? Eles estão felizes e rindo, ou tristes e sérios? Observe quando se abraçam. Veja o amor que existe entre eles. É caloroso e terno, ou rígido e tenso?

Agora chegue mais perto. Sinta a energia entre a sua pessoa futura e esse homem. Qual a sensação de ser amada por ele? Registre o máximo possível de experiências sensoriais que surgirem, inclusive, por exemplo, as seguintes:

1. Imagine os braços dele em torno de você, segurando-a bem perto. Como se sente?
2. Imagine que ele enfia o nariz nos seus cabelos e cochicha no seu ouvido. O que ele diz?
3. Imagine que ele a beija seus lábios apaixonadamente. Como isso a faz se sentir?
4. Imagine vocês dois fazendo uma atividade juntos. O que estão fazendo, e como você se sente?
5. Imagine que chegou o fim do dia. Ele lhe dá um beijo de boa noite e vai embora, ou a toma pela mão para subirem para o quarto?

Vivencie esse futuro por mais alguns instantes. Receba toda estimulação sensorial restante, como imagens, sons, cheiros, toques, sabores. Note também se há outras pessoas nesse futuro e quem são elas. São conhecidos ou estranhos? Adultos ou crianças?

Quando estiver pronta, inspire profundamente e, ao expirar, tire uma foto mental do futuro que acabou de experimentar. Então, dê um passo de volta, saia por aquela porta que escolheu e volte ao presente. Respire fundo mais algumas vezes, lentamente, sacuda as mãos e os pés sentindo o lugar onde está, e abra os olhos.

Dedique alguns minutos para registrar por escrito todos os detalhes que vivenciou em seu futuro. Comece anotando qual porta escolheu e por quê. Lembre-se, sem julgamento. A seguir, descreva sua pessoa futura. Sua aparência, quanto tempo à frente no futuro estava e o que estava fazendo. Depois, relate tudo que lembrar a respeito do homem no seu futuro. Como era, o que dizia e qual a sensação de ser amada por ele. Finalmente, registre os outros detalhes do futuro que acabou de visitar: pessoas, lugares e atividades que ocorreram em torno de você.

Depois de descrever tudo que vivenciou e viu, não deixe de registrar como se sentiu fisicamente durante o exercício e como está se sentindo agora. Durante o exercício, seu corpo ficou formigante, mais leve e relaxado? Ou se tensionou e ficou retesado? Algumas pessoas relatam uma sensação de leveza que as toma durante o exercício. Não se preocupe se não aconteceu com você. A experiência de cada um é diferente. Apenas registre o máximo de informações que puder. E então releia tudo.

Quão vívida ficou para você sua viagem ao futuro? E como você se sente em relação a ter esse futuro, agora que está de volta ao presente? Se o futuro foi lindo e feliz, você muito provavelmente estará interessada em dar passos na sua direção, começando agora mesmo. Ou, se o futuro não foi tão luminoso assim, pode ser recomendável fazer algumas mudanças e ajustes na sua vida atual e nas circunstâncias presentes, para alterar o que está reservado para você.

Ao fazer este exercício você começa a unir os pontos entre o que você é hoje e o ponto para onde acha que está indo. Quando entender que o modo como você se sente em relação ao seu futuro afeta todas as decisões que toma hoje, amanhã e assim por diante, você poderá começar a adotar uma perspectiva mais feliz e saudável em relação ao futuro.

84 A fila anda! Mulheres poderosas não choram

############### **Futuros reais revelados** ###############

Eis o que algumas das minhas clientes relataram ter visto em seu futuro fabuloso, quando fizemos este exercício juntas...

"Eu me vi usando botas de caubói. Nunca usei botas assim na minha vida! Mas, cara, como eu estava feliz!" – SHAUNA

"Eu estava com um homem incrível e estávamos de pijama tomando nosso café da manhã na cama. Havia uma menininha na cama conosco, toda aconchegada, e eu estava grávida. Parecíamos todos muito contentes." – STEPHANIE

"Não sei exatamente onde eu estava, era em algum lugar no campo, em uma linda cabana à margem de um rio. Eu estava cozinhando para o meu homem. Estávamos rindo e nos divertindo muito. E eu não sei cozinhar!" – GENE

"Eu vi meu ex e duas crianças pequenas. Eu não quero o meu ex *nem* mais filhos, especialmente com ele. Alguma coisa tem de mudar. Eu tenho que mudar." – LUISA

"Eu estava na minha casa cercada pelas pessoas que mais amo. Meus amigos, minha família, estávamos todos celebrando algum evento importante. E lá estava ele, o deslumbrante homem do meu futuro. Apenas lá em pé, sorrindo para mim, amorosamente. A sensação foi incrível." – KIRA

Quanto mais você se conectar com seu futuro, mais clareza terá sobre o rumo que está tomando e o que precisa acontecer a seguir. Se existirem áreas no seu futuro que você quer deslocar e mudar, saiba que é possível. Na verdade, está inteiramente em seu poder mudar tudo! Além disso, ao se conectar com seu futuro, ao ficar animada com o rumo que está tomando e tornar claro o que a aguarda, você começa a fazer surgir facilmente e sem esforço o Sr. Próximo. Quando ele aparecer, você será mais capaz de reconhecê-lo, para não falar da capacidade de relaxar e se divertir com ele, porque você sabe que se acontecer de ele não ser o homem fabuloso do seu futuro (também conhecido como Sr. Certo), outro moço logo surgirá e tomará seu lugar. Afinal, *há* um cara maravilhoso por aí esperando por você. E se um homem for embora, outro aparecerá logo. (Você não viu um homem na sua visita ao futuro, e gostaria de ter visto? Não é tarde para

A pergunta de um milhão de dólares 85

manifestá-lo. Simplesmente repita o exercício ao longo das próximas semanas até que você, mágica e magistralmente, faça surgir seu parceiro perfeito. Lembre-se, a prática faz a perfeição!)

Amar V-O-C-Ê

No começo deste capítulo eu disse que não existe uma visão "tamanho único" do feliz-para-sempre, e é verdade. Cada pessoa terá uma visão diferente desse futuro, com base em suas próprias vontades e necessidades. Mas há uma coisa que é a mesma em todas as projeções: quando responde à pergunta *Como quero ser amada?*, você, em última análise, redefine como vai amar a si mesma. É aí que tudo começa – com o amor por si mesma. Aprendendo a se tratar com gentileza, compaixão, respeito e cuidado, você mostrará aos outros como tratá-la. Entretanto, se você escolher permanecer na carência, dúvida, insegurança, incerteza e desespero, as pessoas assimilarão isso também. Isso vai afetar a maneira como interagem com você. E, finalmente, vai afetar os tipos de pessoas que você atrai.

Aprendendo a amar e respeitar a si mesma com ou sem um homem, nos dias bons ou maus e sem relação com quanto dinheiro você tem no banco, qual seu desempenho no trabalho naquele dia, nem se disse e fez todas as coisas certas, você mostra ao mundo (e a todo mundo) quanto você valoriza a pessoa mais importante da sua vida – V-O-C-Ê. Em correspondência, você faz com que seja mais fácil para os outros tratá-la com gentileza, compaixão, respeito e amor.

Portanto, se tudo começa com você, o que você vai fazer de maneira diferente, a partir de hoje? De que maneira vai se tratar melhor? Que comportamentos, convicções e hábitos têm que mudar? Como você pode celebrar melhor a si mesma a partir deste minuto? Eis algumas ideias:

1. Quando aqueles pensamentos supercríticos, julgadores e humilhantes surgirem na sua cabeça, pare um minuto. Ouça-os. E então reformule-os, dando-lhes uma forma mais positiva e amorosa. Por exemplo, *Estou tão gorda hoje!* pode ser reformulado para *Eu me amo de qualquer jeito*. Isso pode ser difícil no começo, mas continue praticando.

86 *A fila anda! Mulheres poderosas não choram*

2. Quando um moço bonito cruzar o seu caminho, em vez de correr para o outro lado ou desviar o olhar, como você costuma fazer, pare, olhe para ele e sorria. Se ele tiver uma parcela de cérebro, vai captar a dica e iniciar uma conversa. Se não, não se preocupe, ele não era digno do seu tempo. Próximo!
3. Teve um dia ruim? Em lugar de se instalar no sofá assistindo à TV e enchendo a cara de comidinhas até enjoar (e se sentir pior ainda do que já está), agrade-se com alguns pedacinhos de chocolate enquanto toma um banho de espuma em grande estilo, ouvindo música suave e tomando chá ou vinho tinto. Desse modo, você também tem as comidinhas e o relaxamento, sem a culpa!
4. Fez besteira no trabalho? Em lugar de passar a semana seguinte convencida de que será despedida, seja proativa. Chegue ao seu chefe com confiança, assuma seus erros e registre a ocorrência como lição aprendida. Você não tem de se castigar para aprender.
5. Da próxima vez que o objeto da sua paixão (ou um "ficante") a evitar, em vez de internalizar isso e se culpar por ter feito algo errado, lembre-se de que você é fantástica. Se ele não consegue lidar com isso, pior para ele. A vida é curta demais para ficar enganchada no Sr. Errado.

·················· **Revisão do capítulo** ··················

1. Separe algum tempo para responder à pergunta *Como quero ser amada?* Dê-se permissão de ser corajosa e ousada na resposta!
2. Faça o exercício de escolher uma porta e visitar seu futuro. Se quiser orientação por áudio, acesse *www.lisasteadman.com/visitmyfuture*. Terminando o exercício, registre esse futuro com o máximo de detalhes que seja possível. Pergunte-se: Como esse exercício afetou meus sentimentos quanto ao futuro? O que vou fazer de um jeito diferente daqui em diante, para garantir um futuro melhor? Repita o exercício na medida do necessário, nas próximas semanas.
3. Como você pode celebrar a si mesma a começar deste minuto? Descubra ao menos cinco modos de começar a amar e nutrir a si própria. Divirta-se com esse exercício!

Capítulo 7

Não fique atrás da Sra. ou Srta. Jones

Seja sincera. Contos de fadas e visões do futuro não são a única coisa f****ndo com a sua cabeça ultimamente, não é? A sociedade – para não falar na genética – talvez não pareça muito sua amiga neste momento. Entre o incessante tique-taque do seu relógio biológico e a barragem de mensagens na mídia lhe dizendo que está acabando o seu tempo na procura do Sr. Certo (sem falar na sua possibilidade de ser mãe), não é de admirar que você algumas vezes se sinta em crise de ansiedade. E ainda existem as outras mulheres. Você sabe de quem estou falando. Aquelas belezocas ridiculamente bem-sucedidas que usam jeans 38, dirigem carro de luxo, exibem alianças fantásticas de diamante, têm cabelos e unhas perfeitamente tratados e carregam um bebê, parecendo que têm tudo sem esforço. Bem, elas e todas as outras garotas de tamanho normal que de algum modo conseguiram passar à frente quando você não estava olhando, e que agora estão dominando a corrida do amor e dos bebês, mesmo tendo celulite, dívidas e pele ruim.

Se você for realmente sincera, vai dizer que são essas mulheres comuns que a fazem se sentir pior a respeito de si mesma. O que elas têm que você não

88   *A fila anda! Mulheres poderosas não choram*

tem? E como agarraram o homem de seus sonhos, enquanto você ainda está aguentando os primeiros encontros com homens que seguram a vela da mesa de jantar perto do seu rosto para verificar suas rugas (história real das trincheiras!), cuja definição de monogamia depende do que foram pegos fazendo, ou que talvez ainda morem na casa dos pais?

Neste novo milênio, não são os homens que a fazem se sentir inadequada em relação ao seu status de solteira. São as mulheres. E não só outras mulheres; você é igualmente culpada. Consciente ou inconscientemente, você pode estar perpetuando normas sociais e a crença de que há algo de inerentemente errado em uma mulher solteira e sem filhos, após certa idade.

E o que é que uma garota faz nesse caso? Já é tempo de jogar um pouco de luz sobre essa praga alimentada a estrogênio, com a esperança de curar suas próprias inseguranças, bem como de diminuir o volume de sua necessidade de acompanhar o passo das senhoritas e senhoras Jones deste mundo. Mãos à obra!

Apresento-lhe a Sra. Jones

Primeiro, vamos falar sobre essas mulheres aparentemente perfeitas que, pelo simples fato de existirem, fazem você se sentir absolutamente horrorosa. Elas são as garotas que se casaram na casa dos vinte, ganharam o primeiro bebê antes dos trinta, exibem um diamante do tamanho de uma bola de gude no anular da mão esquerda, têm maridos com um salário sensacional... E não apenas essas mulheres *não* precisam trabalhar, como nem sequer têm marcas de estrias após os 2,5 filhos que pariram.

Nem preciso tentar adivinhar a palavra que você acabou de dizer (ou gritar). Eu me senti igual, uma vez ou outra. Mas por quê? Essas mulheres não devem ser temidas. E, acredite você ou não, elas não estão neste planeta só para fazer você se sentir uma droga. A verdade é que você não faz ideia de como a vida delas realmente é. Elas são felizes? Têm um relacionamento feliz com o marido? A maternidade é tudo aquilo que se supõe que seja? Será que sentem falta de uma profissão?

Essas são perguntas importantes para você fazer sempre que o seu desdém (ou absoluta raiva) emergir nas ocasiões em que tenta manobrar para contornar uma dessas belas e seu carrinho de bebê "de marca" na ciclovia, quando espera impacientemente sua vez no balcão da rotisseria, ou quando tenta manter uma conversação com uma amiga solteira durante o *brunch*, tendo como fundo o berreiro do bebê de uma delas.

Não seria de esperar que você sentisse pena dessas mulheres que, sem esforço, têm tudo aquilo que talvez ainda esteja na sua lista de desejos. Mas seria bom adotar uma aproximação mais compassiva. Em lugar de acatar a crença de que essas mulheres têm tudo, só para tirar lascas da sua autoestima, por que não recuar um pouco e perceber que o caminho delas tem suas próprias dificuldades? Embora a vida de esposa e mãe definitivamente tenha suas vantagens, tem também seus desafios. Mesmo a mais feliz dessas madames sonha ocasionalmente com a estrada que não trilhou. Elas se perguntam se não teriam casado cedo demais, tido filhos cedo demais, se não poderiam ou deveriam ter ficado mais tempo solteiras e esperado um candidato mais adequado. E mesmo que elas talvez nunca admitam abertamente que invejam sua vida de solteira sabida, acredite, invejam.

* Elas admiram sua capacidade de se sustentar financeiramente sem um homem.
* Invejam o desenvolvimento rápido que sua carreira parece ter.
* E aquela viagem que você fez à Europa sozinha? Elas só em sonho poderiam explorar países estrangeiros sem um bebê chorando, uma criança mal-humorada e/ou sogros que estorvam.
* Enquanto você pode dormir até a hora que quiser nos fins de semana, a ideia de dormir até tarde em um sábado não passa de sonho irreal para elas.

Percebe como a vida fabulosa que você tem invejado tem sua própria penca de concessões e dores de cabeça? A verdade é que essas mulheres que aparentemente têm tudo não devem ser temidas nem detestadas. É hora de entender que seu caminho de vida é só outra versão do nosso caminho.

Mas por que é você que tem de sentir empatia por elas, e não o contrário? Porque você é inteligente, experiente e bem-sucedida. Porque você tem os luxos de tempo, sono e espaço pessoal. E porque se essas mulheres tivessem um momento tranquilo consigo mesmas, tenho certeza de que sentiriam empatia por você e suas dificuldades. Elas podem não conhecer seus desafios, preocupações e medos – mas só porque estão envolvidas com suas próprias versões. A Sra. Jones não é o inimigo. Você também não. Somos todas simplesmente mulheres tentando levar a vida da melhor maneira, com base em nossas escolhas.

Agora quanto à Srta. Jones...

Olhe mais uma vez em volta. Quantas mulheres solteiras ou a caminho do matrimônio você conhece que são incríveis, bem-sucedidas e espertas? Entre colegas de trabalho, rede social, amigos e família, provavelmente são várias, certo?

Agora, seja sincera. Quando algo de bom acontece a uma dessas mulheres solteiras, como você reage? Com um "Iurru!" cheio de alegria, ou com um rosnado insincero de "Sorte sua"? Lembre, eu disse para ser sincera.

Vamos tentar isso de novo. Quando a boa sorte sorri para uma colega, vizinha ou amiga solteira e disponível, você:

1. Genuinamente expressa alegria por ela, inspirada pelo fato que ela manifestou, e usa isso como energia para manifestar o bem na sua vida?
2. Experimenta um misto de felicidade e inveja, sentindo esperança, mas também incerteza, de que algo de bom aconteça a você da próxima vez?
3. Sente imediatamente uma sensação de injustiça, perguntando-se por que coisas maravilhosas acontecem com os outros, mas nunca com você?

Se escolheu a opção nº 1, você foi totalmente transparente, ou isso é o que desejaria fazer? Se a resposta foi genuína, parabéns! Você tem uma atitude saudável e feliz para com as mulheres, suas companheiras. Se sua resposta se inclinou à opção nº 2 ou nº 3, não se sinta mal. A sociedade programou as mulheres para competirem fervorosamente umas com as outras, usando todo tipo de arma até que reste em pé e vitoriosa uma fêmea feroz, com uma rosa vermelha na mão e de braços dados com um homem solteiro.

Pense em todas aquelas capas de revista que você olha quando está na fila do supermercado. Já faz anos que Jennifer Aniston se divorciou de Brad Pitt, mas a rivalidade entre Brangelina e Jeniffer (e, atualmente, até entre Brad e Angelina) continua viva em sarcásticas manchetes semanais. E veja como a mídia retrata a amizade feminina (pense em Audrina Patridge e Kristin Cavallari, ou em Paris Hilton e Nicole Richie). Se acreditássemos no que a televisão, as revistas e a mídia em geral nos conta, pensaríamos que as mulheres não conseguem genuinamente ser amigas entre si e que, ao contrário, devemos nos cercar de *aminimigas*.

Tudo bem sentir o que você honestamente sente quando acontecem coisas boas às mulheres que conhece. Identificando claramente os sentimentos que surgem (tanto bons como maus) você se torna mais capaz de ver como pode estar sabotando seu próprio sucesso e felicidade ao esmagar o triunfo dos outros.

Se você luta para se sentir feliz por suas amigas quando acontecem coisas boas para elas, é muito provável que apoie a crença da escassez quanto ao que lhe é possível. Talvez você também acredite que existe um limite para a quantidade de amor, sucesso, felicidade e abundância disponíveis no mundo. E se alguma outra mulher consegue um segundo encontro com um cara realmente gato, compra o carro com que sonhava, ganha cem mil reais na loto ou milagrosamente consegue um novo emprego fantástico, parece que algo está sendo tirado de você. É como se houvesse uma oportunidade a menos aguardando você.

Está vendo como isso é limitador? Se a lei da atração for real (e felizmente é!), pelo fato de viver em carência, adotar medos de escassez e vivenciar enorme inveja dos outros, você não deixa espaço na sua vida para a sua própria boa sorte. Mas não se descarte ainda como causa perdida, destinada a acabar sozinha e infeliz, enquanto as outras conseguem tudo que desejam de coração; continue a ler. Ainda *não* se esgotou o tempo da sua chance de fazer a coisa direito. Está bem na hora de mudar seu raciocínio.

E não pense que você é a única com esses sentimentos de carência, incerteza e escassez. Nós, mulheres, coletivamente, parece que perdemos o caminho. Houve uma época em que éramos comunitárias, nutridoras e leais à tribo. Agora somos mais do que nunca competitivas, combativas e pura e simplesmente odiosas. Nossa irmandade tem de se esforçar. Embora talvez jamais sejamos capazes de identificar quando exatamente se tornou mais aceitável derrubar a outra do que ajudá-la a se levantar, já é tempo de desistir do desejo narcisista de reduzir nossas companheiras a frangalhos emocionais.

Chegou a hora de pôr um fim à nossa abordagem do tipo *a vencedora leva tudo*, com outras mulheres. E direi como. A partir de hoje, encarne sua versão mais apoiadora e nutridora. Quando uma mulher que você conhece tem uma promoção, compra sua casa, fica noiva ou atinge o peso que desejava, em lugar de derrubá-la pelas costas, celebre o sucesso dela como se fosse o seu. De verdade, o sucesso é um processo de colaboração. Nenhum homem, e especialmente nenhuma mulher, é uma ilha. Assim, em vez de agir movida pela escassez, ajuntando o que lhe acontece de bom e invejando as bênçãos que chegam para outros, trate todo e qualquer sucesso como se fosse coletivo e comunitário. Você pode ficar surpresa de ver como a felicidade, alegria, sorte e oportunidade crescem exponencialmente quanto têm chance de crescer. Em vez de tentar abrir caminho e passar à frente das suas companheiras Sra. e Srta. Jones, estenda as mãos, enganchem-se os dedos e cruzem a linha de chegada juntas.

Essa é uma atitude que você pode levar algum tempo para adotar plenamente, especialmente se passou anos secretamente curtindo raiva pelo sucesso de outras mulheres. E está tudo bem. Como qualquer outra coisa na vida, seu novo sistema de crenças vai exigir alguma prática. Comece criando pelo menos uma nova convicção a respeito do sucesso de outrem. Algo que seja mais ou menos assim:

> *O sucesso dos outros leva ao meu próprio sucesso e felicidade.*
> *Fico inspirada pelo que acontece de bom aos outros.*
> *Quando outra mulher tem sucesso, isso me põe para cima.*
> *Eu celebro humildemente e benevolamente o sucesso das minhas irmãs.*
> *Quando uma de nós se sai bem, todas nós nos saímos bem!*

Quando tiver escolhido a(s) nova(s) convicção(ões) que funciona(m) para você, pratique-a(s) todos os dias por trinta dias. Escreva-a no seu diário. Diga-a em voz alta. Olhe-se nos olhos, em frente ao espelho, e repita-a diariamente. Medite sobre ela. Reze a respeito dela. Faça qualquer prática que funcione para você, de maneira que venha a acatar plenamente a celebração da fraternidade. Saiba você ou não, isso vai mudar drasticamente o seu relacionamento tanto com mulheres como com homens. Por não vir de um lugar de escassez ou de competição, sua energia se tornará mais leve e atraente. Você não só vai começar a manifestar ligações mais fortes com mulheres maravilhosas e apoiadoras, mas vai começar a fazer surgirem homens muito mais fabulosos do que algum dia imaginou que fosse possível. Isso é uma situação ganha-ganha!

Eis aqui outro incentivo para ser condescendente com essas mulheres que parecem ter tudo sem esforço. Detestá-las ou ter uma louca inveja delas na verdade mata suas chances de agarrar e pôr na bolsa o seu próprio homem. Como? Acredite ou não, os homens *são* perceptivos. Eles prestam atenção às mulheres que fazem parte da sua vida. Quando você estiver soprando e bufando como é injusto que as senhoras e senhoritas Jones deste mundo tenham tudo enquanto você continua labutando em uma baia de empresa, tendo como único interesse social durante a semana seu encontro toda noite com o apresentador do telejornal, os homens veem sua frustração, ansiedade e impaciência. Eles conseguem sentir nisso sua energia negativa. Podem ouvi-la em seus comentários maliciosos a respeito de outras mulheres. E podem vê-la quando você força aquele sorriso falso quando é apresentada a uma dessas fêmeas que considera uma aminimiga.

Saiba você ou não, os homens estão sacando você. Assim, faça um grande favor a si mesma e ao seu futuro romântico e abandone sua necessidade de planejar secretamente o fim dessas mulheres. Em vez de desperdiçar o seu tempo precioso desejando que um carma ruim possa golpear as cabecinhas perfeitamente penteadas das senhoritas Jones deste mundo, pare e recue um passo. Acate o fato de que você terá muito mais probabilidade de atrair caras legais se você se sentir bem a respeito de si mesma e da sua vida. E isso começa quando você para de desejar a morte de suas companheiras de sexo. Aprenda, ame e viva isso!

A maldição do "Relógio"

Agora que você baixou o volume de seu surto de competição com outras mulheres, é hora de se ligar em outro grande sabotador que pode estar impedindo que você ame sua vida neste momento. Sem a necessidade de competir com suas companheiras, pode haver outra criatura (ou coisa) que você sente a necessidade de vencer.

Apresento-lhe seu relógio biológico.

Você teme que o tempo esteja se esgotando e não ganhe a corrida pelos bebês? Suas amigas estão casadas, tendo filhos e perguntando quando vai chegar a sua vez? Ou, pior, a sua mãe fica lançando indiretas e dizendo que morre de vontade de ser avó? Ou, no que se refere à corrida pelos bebês, você é sua pior inimiga, martirizando-se por supostamente ficar muito para trás?

Consciente ou inconscientemente, você pode estar recebendo algumas mensagens fortemente sabotadoras da sociedade e de pessoas queridas, para não falar naquelas conversas humilhantes que tem mentalmente consigo mesma. Você sabe quais. Elas seguem mais ou menos assim:

* Com minhas coxas gordas, cabelo fino, dívida do financiamento da faculdade, dentes tortos, nenhum homem vai querer casar comigo!
* Nesta altura, terei sorte se conseguir ter um bebê e só.
* Quando eu finalmente conseguir dar certo e casar, meus óvulos não servirão mais.
* Nem há mais motivo para tentar. Vou acabar sozinha, infeliz e sem filhos.

Isso lhe soa familiar? As mensagens que passamos a nós mesmas e as mensagens que subconscientemente captamos da sociedade podem ser brutais. E embora não seja possível eliminar completamente as bobagens, podemos fabricar um filtro melhor, que diminua o volume do seu pânico e tenha uma abordagem mais realista da sua linha do tempo.

Em vez de se sentir deixada para trás por seus amigos e todas as outras mulheres do mundo que se casam, procriam e constroem um ninho na casa dos 20 e início dos 30 anos, dê-se um pouco de folga. Sua linha do tempo pode ser diferente, mas não deixa de ser válida ou interessante. Quando *não* se acomoda e se torna mãe durante esses anos de formação e de fazer-bebê, você consegue subir degraus na empresa, ganhar seu próprio dinheiro, comprar seu próprio imóvel, namorar vários caras interessantes e disponíveis e redefinir o que acha que é *feliz para sempre*, incluindo as memórias de fazer *topless* nas suas férias sozinha na Europa, pular de paraquedas amarrada a um instrutor superlindo, e ser a solteira mais procurada nos *speed dating*. (Ou qualquer outra memória divertida que você queira criar para si durante os anos de sua solteirice.)

Mas e se o que eu realmente quero for ter um filho?, você pode estar perguntando agora. *E se o pacote que eu achava que tinha encomendado é casamento, maternidade e uma minivan?*

Ainda há tempo para você. Mas, primeiro, talvez você precise tomar um calmante. Embora seu relógio biológico seja real (e explique totalmente essas crises emocionais que você tem quando vê um recém-nascido ou um homem bonito carregando uma criança adorável), ele não precisa ser seu pior inimigo. Sim, existe uma faixa de tempo mais propícia para engravidar na vida de uma mulher, e suas chances de concepção caem gradativamente e depois drasticamente, à medida que você fica mais velha. Mas sabe de uma coisa? Hoje em dia, você não tem de ter 35 anos e ser fértil para ter um bebê. Os milagres da medicina moderna tornam a maternidade possível para mulheres de todas as idades, seja com concepção natural ou com a ajuda de um especialista em fertilidade. Além disso, a adoção e a tutela (família substituta) são opções fantásticas, se você descobrir que já não é fisicamente capaz de engravidar, na época em que puder se instalar e começar uma família. Não se trata de um julgamento quanto à mulher que você é. Neste mundo moderno, já é fato as pessoas estarem esperando muito mais para casar e constituir família. Portanto, em vez de se punir por estar atrasada em relação ao programa, ou na rabeira da corrida por bebês, diminua o passo, acalme-se e reavalie seu caminho pessoal de vida. Você não está ridiculamente atrasada para seu *feliz-para-sempre*. Está na hora certa.

96 *A fila anda! Mulheres poderosas não choram*

·························· ***Revisão do capítulo*** ··························

1. Existem mulheres contra as quais você, secretamente, tem abrigado sentimentos como inveja, raiva, ciúme e injustiça? Faça uma lista e então pergunte a si mesma como você pode baixar o volume de suas emoções negativas e, em vez disso, celebrar o sucesso e as escolhas de vida dessas mulheres.

2. Que mensagens negativas você está captando, ou até mesmo enviando, em relação ao ponto em que se encontra na jornada para um futuro feliz? Coloque-as por escrito e as examine. Trabalhe de modo que reenquadre essas mensagens em convicções mais saudáveis, tirando a parte negativa.

3. Se estiver ouvindo o tique-taque do seu relógio biológico, você consegue diminuir o volume dele e acolher a ideia de que não está atrasada para a vida dos seus sonhos? Abra a cabeça para o novo conhecimento de que nunca é tarde para uma pessoa se casar, ter filhos ou viver a vida de seus sonhos. Mas, para chegar lá, você tem de soltar a pressão que coloca sobre si mesma e acolher sua vida de solteira experiente.

Capítulo 8

Um ex marca o terreno

N a jornada que a afasta do passado e a leva para seu novo e aperfeiçoado futuro, há muitos pontos de verificação. Quando para nesses pontos, é importante que você avalie e comemore a distância que percorreu, bem como para onde vai a seguir. Ao longo do caminho você vai conhecer muitas edições do Sr. Próximo, vai aplicar as lições aprendidas e, se tudo correr bem, acabará encontrando o Sr. Certo. Mas antes de poder "ticar" esses itens da sua lista, você tem um ponto de verificação importante a passar, que tem a ver com o seu ex. Especificamente, tem a ver com definir se você o deixou para trás ou não.

Antes de revirar os olhos para mim, pare. Mesmo que seja verdade que você já não tem espiado suas páginas no Facebook e no Twitter (ou tem?), que a memória dele foi 100% deletada de sua vida, tanto *on-line* como *off-line* (certo?), e já tenha de longe passado a época em que a simples menção do nome dele fazia você procurar a caixa de lenços de papel e uns bombons, ainda é possível que você de alguma maneira esteja enroscada ao fulano.

Então, permita-me uma pergunta. Você já esqueceu o seu ex?

Conscientemente, a resposta mais provável é sim. Mas e inconscientemente? Você *poderia* estar, sem saber, sabotando seus esforços para conhecer um Sr. Próximo por estar focada demais no Sr. Ex? Listo a seguir alguns sinais que indicam que talvez você não tenha exorcizado plenamente o ex de sua mente e seu coração. Veja se algum deles lhe parece amedrontadoramente familiar.

* Você ainda se pega começando frases assim: "Meu namorado – quer dizer, meu ex-namorado – diz/ faz/ acha..."
* Toda vez que sai com alguém, você olha para o moço e pensa: "Esse cara não pode nem se comparar ao COLOQUE O NOME DO SEU EX".
* Mesmo depois de todo esse tempo, você ainda se martiriza pela maneira como o relacionamento acabou e o que você poderia ter feito de diferente para evitar isso. (Sofrendo de um caso sério de *Se eu ao menos...*)
* Sempre que alguma coisa dá errado na sua vida, você fica furiosa com seu ex e/ou imagina as palavras dele te rebaixando ("Eu disse que você era fraca/ patética/ carente!" ou "Eu sabia que você não ia conseguir por si mesma!").

Se você se vê habitualmente em uma ou algumas dessas cenas acima, chegou a hora de colocar em prática um amor exigente, para você conseguir chutar para longe o mau hábito e finalmente ejetar seu ex desse seu coração curado. Ele já não pertence a esse lugar. E enquanto ele não der o fora, simplesmente não haverá lugar para o Sr. Próximo, muito menos para o Sr. Certo. A partir de hoje, é tempo de chutar, emocionalmente, seu ex para o meio-fio de uma vez por todas. E aqui vão instruções para isso.

Abandone a negação

Se você culpa o seu ex por todas as coisas desagradáveis, ruins e horríveis que lhe aconteceram desde o rompimento (se e quando seu carro pifa, você perde o emprego, seu cachorro foge), você não o esqueceu.

Agora, se seu rompimento foi particularmente difícil, com toda a probabilidade haverá ocasiões em que você de fato sente que seu ex arruinou a sua vida. Isso é normal. O que não é normal nem saudável é entrar em uma convicção de que todo o seu futuro está ferrado por obra e graça do seu ex. Ainda que não possa mudar o passado nem nenhuma das repercussões que vivenciou por causa dele, você tem a oportunidade de escolher ativamente como quer lidar com esses pequenos e grandes imprevistos. Afinal, o passado é passado. Você não pode agitar uma varinha mágica e fazer tudo de novo, mas você *pode* alterar o curso do seu maravilhoso futuro.

> **Direto dos *arquivos das mulheres destemidas*...**
>
> "Toda vez que acontece alguma coisa ruim, eu imediatamente volto para aquela parte da pena, do 'olha o que ele fez comigo'. Isso não me ajuda nem um pouco. Preciso ver isso como mais um passo para tirá-lo totalmente da minha vida e me encaminhar para uma época melhor e mais feliz. Acho que se eu conseguir ver o lado bom de tudo que acontece, não vou mais ficar com tanta raiva dele." – *Linda*

Veja, até agora talvez você tenha acreditado que seu ex tivesse controle sobre o que a aguardava. Mas sabe de uma coisa? *Você* é a única responsável por seu futuro. *Você* decide como lidar com dificuldades, imprevistos e decepções. A maior parte deles estaria aí com ou sem o seu ex. Claro que podem existir imprevistos específicos (por exemplo, se o cadastro ruim dele arruína de algum modo seu status financeiro, se você teve de desistir de seus bichos porque eram de vocês dois, se você teve de gastar uma grana para se mudar enquanto ele ficou onde estava e assim por diante). Repito, você escolhe como lidar com essas coisas, e pode lidar com elas como mulher adulta que é, ou como uma vítima. Seu novo hino *não* deveria ser *Olha como ele me ferrou!* O papel de vítima não é *sexy* nem inteligente. Na verdade, é uma coisa que está abaixo de você e constitui total perda de tempo.

Aqui e agora, respeite o seu coração curado e abandone sua necessidade de culpar e envergonhar o seu ex. Isso não é necessário. E só mantém você presa à dor do passado, enquanto seu ex já se foi há muito tempo. Para celebrar seu progresso e acelerar seu futuro, deixe disso e siga em frente.

Empurradora de pedestal

Hora da franqueza brutal. Se e quando conhece um cara novo, você o compara ao seu ex? E, se faz isso, alguma vez o novo cara está na mesma altura? Seja por escolha consciente ou inconsciente, você pode ter ficado cega em relação às más qualidades do seu ex, aumentando de tal forma as boas que já não consegue ver as coisas direito. Para ajudá-la a recuperar uma boa visão, seguem alguns sinais que são "batata" para indicar que seu ex ainda ocupa terreno no seu coração:

* Quando pensa no seu ex, você se inunda de memórias dos bons tempos e das boas qualidades dele, sem qualquer lembrança de suas características negativas e das épocas ruins.
* Após uma série de decepções com paqueras, você está começando a pensar que ninguém será tão bom para você como seu ex era.
* Embora você saiba que seu ex não era perfeito, você realmente tem saudade dele e acha que ele poderia ter sido o Homem Prometido. Talvez ainda haja esperança.
* Você começou secretamente a espreitá-lo na internet, ou a passar de carro pela casa dele, ou a ir a lugares (cafeteria, banco, supermercado) onde tem esperança de cruzar com ele.

Se o comportamento descrito acima lhe é conhecido, todos os sinais apontam para o fato de que você ainda está presa ao seu ex. E fica imaginando por que não apareceu ninguém mais... Não há lugar para uma pessoa nova na sua vida. O primeiro item na sua agenda é derrubar seu ex do pedestal onde o colocou. Comece sendo de novo realista a respeito de quem seu ex realmente era e por que ele não era – e ainda não é – bom para você. Se necessário, pegue caneta e papel e escreva uma lista muito franca e honesta de *Razões pelas quais meu ex não vale a pena*, para se reconectar a todas as razões pelas quais ele era o cara errado para você.

Depois de fazer isso, será fácil ver que colocá-lo sobre um pedestal é um erro enorme (E adorá-lo só está atrapalhando o seu progresso!). Derrube esse pedestal e faça seu ex se espatifar no chão agora mesmo! Imagine um buraco negro se abrindo no chão para engoli-lo. Quando ele tiver desaparecido da vista, faça um pacto consigo mesma para nunca mais adorar aos pés de um ídolo falso. E da próxima vez que encontrar um gato, conceda--lhe o benefício da dúvida. Ele não é o seu ex. Graças a Deus!

A Grande Muralha das Lamentações

Ok, então você definitivamente não está mais se consumindo por seu ex, nem adorando um falso ídolo. Mas antes de dar uma tremenda festa para comemorar que o esqueceu, há alguns cenários a considerar. Sim, você o esqueceu. Mas talvez não tenha esquecido a dor, mágoa e sentimentos de traição. Na verdade, você pode não estar *tão* esquecida disso, e se convenceu de que nunca mais vai deixar alguém se aproximar do seu coração. Só há um problema com esse cenário.

De certa forma, você está deixando seu ex ditar o seu futuro. Você pode até pensar que ao proteger seu coração de todo homem que encontrar, estará de algum modo punindo seu ex por seus pecados.

Veja, você está inconscientemente dizendo: *Você me machucou tanto que nunca mais deixarei ninguém se aproximar. É uma lição para você!*

Bem, se você está um tanto na defensiva no momento, há boas razões para isso. Muito provavelmente você assumiu aquele sistema de crenças no qual diz que sendo cínica, cautelosa e/ou emocionalmente fechada, *você* ganha.

Como isso tem funcionado? Certo, você está impondo distância a todos aqueles Srs. Próximos. Mas não está punindo seu ex em absoluto. Na verdade, ele provavelmente já seguiu em frente sem lhe prestar a mínima atenção. (A verdade dói, não é?)

Direto dos *arquivos das mulheres destemidas...*

"Eu realmente achava que o meu ex era O Prometido. Mas depois de sete meses, e ainda que seja indescritivelmente doloroso, eu finalmente virei a página e desisti dele. O problema é que eu sinto como se também

> desistisse do amor. Sou capaz de canalizar minha energia para o trabalho, mas não me parece possível reunir qualquer esperança, entusiasmo ou convicção de que, algum dia, encontrarei alguém que eu ame como amei meu ex. Sou uma pessoa ativa e com objetivos, com prazer de viver. Mas no que se refere ao amor, sinto-me cansada, ferida e cínica. Sinto que algo muito profundo em mim se perdeu para sempre." – *Amy*

Na tentativa de punir seu ex, a única pessoa que realmente é punida é você. Se mantiver a guarda alta, lacrar permanentemente seu coração e evitar qualquer possível pretendente que apareça, você vai detonar suas chances de ter qualquer maneira de *feliz-para-sempre*. Lamentável!

Não seria melhor perdoar a si mesma por ter se machucado? Não seria mais fácil se livrar da necessidade de punir seu ex, dirigindo-se, em vez disso, sem esforço, para o seu futuro feliz?

A resposta é sim. Mas enquanto não estiver pronta para jogar fora seu drama, você vai permanecer presa, e só você pode decidir quanto tempo quer ficar presa. Uma semana? Um mês? Uma década? A escolha é sua. Sugiro que você pegue um calendário e decida um prazo para essa situação de sequestro do seu coração, e, então, vamos voltar a tratar do seu magnífico futuro.

Déjà-vu

Há uma outra maneira insidiosa de ainda estar presa ao seu ex e sabotando suas chances de conhecer caras realmente ótimos no futuro próximo. Sempre que você pensa em sair com um novo alguém e *realmente* conhecê-lo melhor, a ideia a sufoca. Se e quando se vê saindo pela segunda ou terceira vez com o mesmo moço, você sempre acha algum motivo aleatório para se livrar dele. Ou ele é bonzinho demais, disponível demais, a fim de você demais – qualquer coisa. Há sempre um problema e uma razão legítima para descartá-lo.

É algo conhecido, senhorita descartadora?

Deixe que eu lhe diga o que está acontecendo de fato. Ainda que você supostamente esteja fazendo um valente esforço no jogo do namoro, só está na verdade imitando os gestos. Com toda honestidade, você não quer conhecer homem novo nenhum. Não tem a menor vontade de despender energia ou investir tempo com toda aquela diarreia verbal e emocional de conhecer alguém melhor. Se – e apenas *se* – o universo garantisse que você vai poder ter com um novo alguém exatamente o mesmo relacionamento que tinha com seu ex, pulando o tão importante processo seletivo dos primeiros encontros, seria perfeito! Se for de outro modo, você simplesmente não tem o tempo, energia e interesse necessários, não é?

> **Direto dos *arquivos das mulheres destemidas...***
>
> "Quando comecei a namorar de novo, eu era péssima na coisa. Encontrava qualquer desculpa para não sair com alguém mais do que uma ou duas vezes. Ou as sobrancelhas dele eram muito peludas, ou o carro dele não era bom, ou ele parecia muito previsível. Eu é que era muito previsível. Eu simplesmente dispensei uma porção de caras realmente legais porque tinha medo de me machucar de novo. Quando acordei para essa dolorosa verdade, tive de cair na real. Foi difícil, mas foi a melhor coisa que já fiz. Agora eu sou ótima no namoro. Gosto até de iludir vários caras ótimos ao mesmo tempo." – *Jeannie*

Se você está na esperança de clonar seu último relacionamento com uma cópia novinha, eu entendo. Já quis isso. Mas sabe de uma coisa? Diferentemente da ovelha Dolly, seu último relacionamento não pode ser clonado. E você tampouco devia querer isso. Se você colocar seus óculos retrovisores nítidos, verá que havia problemas e incompatibilidades óbvias no seu relacionamento. Quer você goste ou não, as coisas não deram certo por muitas razões. Portanto, por que continuar a ignorar Srs. Próximos perfeitamente legais, preferindo ficar sentada em casa rezando por um milagre científico? Talvez você não esteja pronta para voltar à pista. Talvez, por um prazo previsível, você deva se retirar do mercado, concentrar-se em si mesma e em seus próprios interesses, e tornar-se mais realista a respeito do seu último relacionamento. Desse modo, quando estiver pronta para começar a namorar de novo, você estará disposta a investir o tempo, a energia e o entusiasmo necessários para fazer a coisa do jeito certo. Ah, e a se divertir um pouco enquanto faz isso. Por mais desafiador que esse jogo possa parecer às vezes, ele certamente há de ser bom, para você querer se colocar em campo.

Mártir, o grupo de Um Só

Ao ler este capítulo, você pode ter sentido uma sensação de alívio ao saber que não se encaixa em nenhum dos problemas citados. De fato, você e seu ex ainda são ótimos amigos. Vocês conseguiram sobreviver ao rompimento, ajudaram-se mutuamente a superá-lo e ainda estão ativamente envolvidos na vida um do outro. Impressionante, para dizer o mínimo!

Então deixe que eu lhe faça uma pergunta. Por que você não seguiu em frente? Por que não está namorando ninguém? É porque não encontrou ninguém bacana ainda, ou porque está preocupada com o que o seu ex vai sentir, se você voltar a namorar primeiro?

Lembre-se: franqueza brutal.

Se você se flagra pensando ou dizendo "Ah, mas não tem como sair com alguém, ainda. Só se passaram alguns meses!", cuidado. Ao colocar os sentimentos do seu ex à frente dos seus, você está armando para si mesma uma séria decepção, quando seu ex começar a namorar. Por muito magnânima que você se considere, ninguém é tão isenta de egoísmo. Ninguém com exceção de uma grande mártir. E é isso que você deseja ser? Alguém que sacrifica seu próprio sucesso e felicidade na esperança de que seu ex encontre milagrosamente uma pessoa maravilhosa e siga seu caminho primeiro?

Eu duvido!

Amigas do Facebook participam

Quando perguntei no Facebook "*Você alguma vez adiou a paquera com um novo alguém na esperança de que seu ex se desatasse primeiro?*", eis o que algumas das minhas amigas disseram...

> "Sim, e então eu percebi que era uma desculpa para não crescer ou não ser responsável por minha própria vida. Eu não quis mais ser a grande mártir – é chato." – JULIE
>
> "Sim, mas só porque eu queria voltar com ele, e quando ele começou a sair com outra pessoa, isso foi mais um toque para me acordar e mostrar que tínhamos terminado mesmo." – KATEE
>
> "Eu adiei namorar um novo alguém na esperança de que meu ex dispensaria a pessoa com quem ele me traía. Esperta, não? Quando me lembro, fico doente de pensar no tempo que perdi. Pelo menos eu *finalmente* me desliguei." – DIANE
>
> "Em uma palavra: não." – JOAN

Quando você revê todas essas possíveis formas de estar subconscientemente presa ao seu ex, o que sobressai para você? Como você adiou seu futuro ao colocar seu ex em um pedestal, ao colocar as necessidades dele primeiro, ou construir permanentemente um muro em torno do seu coração? Não importa como você tenha ficado agarrada ao ex e tenha, enquanto isso, evitado encontrar um novo alguém; agora é hora de se libertar desse comportamento falso e adotar uma abordagem nova, mais saudável. Um comportamento que celebre a mulher maravilhosa e ajuizada que você já é e que continua a se desenvolver. Talvez você não saiba, mas é hora de voltar ao campo. Mesmo que você só coloque o dedão no pé na água e se inscreva em um site de namoro pela internet, nesta semana, já é um grande progresso! Se você optar por ser ousada e mergulhar no lado fundo (namorando *on-line* feito profissional, indo a eventos para solteiros e se colocando em ambientes ricos em alvos regularmente), melhor ainda! Ou se o seu estilo é mais o de ir entrando no lado raso, devagar e firme (por exemplo, sair com um moço este mês), vá em frente. O mais importante é que você se liberte simbolicamente de quaisquer correntes que ainda a liguem ao passado, e caminhe para os braços abertos do seu perfeito presente e fabuloso futuro.

106 · A fila anda! Mulheres poderosas não choram

·············· **Revisão do capítulo** ··············

1. Dê uma olhada nos cenários que ilustram como você pode ainda estar presa ao seu ex. Permita-se ser realmente franca e admitir qual cenário a está segurando.

2. A seguir, faça um plano de jogo para se libertar dessas velhas correntes e voltar ao campo. Você quer começar devagar, inscrevendo-se em um site de namoro pela internet? Apressar o passo e se colocar semanalmente em ambientes ricos em alvos? Ou mergulhar logo e empregar diversas táticas juntas? Coloque por escrito o seu plano e não se esqueça de incluir os prazos dentro dos quais pretende implementar cada item (com isso, você assume o compromisso).

·············· **Conte seus resultados** ··············

Quer compartilhar seu plano de jogo comigo? Entre na minha *fanpage* do Facebook e me diga como está se libertando das suas velhas correntes e voltando à pista.

Capítulo 9

Por que, realmente, você ainda está solteira?

Bem, vamos dizer que você está consultando um terapeuta, algum tipo de casamenteiro ou um *coach* de relacionamento para ajudá-la a superar obstáculos, livrar-se de bloqueios limitadores e, em última instância, atrair candidatos qualificados para o papel de Sr. Próximo, até que você consiga fazer surgir o Sr. Certo. Você teria investido tempo, dinheiro e energia emocional trabalhando com essas pessoas. E se elas lhe dissessem exatamente a mesma coisa, ou seja, que é você o motivo principal de você estar solteira? O que você faria? Inicialmente, talvez queira descarregar pensamentos pouco diplomáticos sobre elas. Mas o que aconteceria se, em vez disso, você tomasse suas indicações como construtivas, se rendesse à verdade, olhasse-as diretamente nos olhos e perguntasse: "O que preciso fazer para mudar os resultados que tenho obtido?".

Acredite ou não, basta fazer uma pergunta melhor para melhorar suas chances de encontrar aquele relacionamento dos sonhos que você quer (ou, pelo menos, as chances de melhorar seus

108 A fila anda! Mulheres poderosas não choram

resultados no namoro). Embora possa ser doloroso encarar a verdade – que você está contribuindo com seu status de solteira, bem como participou de todos aqueles relacionamentos insatisfatórios do passado –, ela é o próximo passo da sua reinvenção em termos de romance. Por não vir de um lugar de ego e, ao contrário, por aceitar que você pode ser a verdadeira razão de ainda estar solteira, essa pergunta pode mudar o curso do seu futuro. Você pode até economizar tempo desperdiçado com o Sr. Errado e assim agarrar seu Sr. Certo mais depressa, só por ser mente aberta a respeito de como mudar o seu futuro nessa área.

Antes de seguirmos adiante, vamos esclarecer uma coisa. Se você não quer um relacionamento, se gosta de estar solteira e não tem interesse em achar, atrair e curtir seu par perfeito, tudo bem. Na verdade, isso é fabuloso! Ser clara a respeito do que quer é o primeiro passo para manifestar seu futuro ideal. Mas, se você está lendo este livro, imagino que em algum ponto no futuro você gostaria de ter outro relacionamento e espera que seja um mais saudável e feliz. Se é assim, meu objetivo é ajudá-la a manifestar seus sonhos.

Agora voltemos ao trabalho. Goste ou não, de alguma forma você *está* participando do fato de ser solteira. Quer você curta estar solteira ou não, quer queira encontrar o homem dos seus sonhos ou não, quer ame a sua vida ou não, se você quiser um resultado diferente daquele que está vivenciando atualmente em *qualquer* área de sua vida de solteira (e por que outro motivo estaria lendo este livro?), vai ter que fazer uma pergunta melhor. Vai ter que deixar de lado seu ego (e talvez nem saiba que ele está empinando sua feiíssima cabeça), ser realmente honesta e perguntar a si mesma e ao mundo em torno de si: *O que preciso fazer diferente?*

Tudo bem se você não tem respostas. É para isso que existe este livro. Neste capítulo, você aprenderá quatro segredos incríveis para transformar sua energia e sua perspectiva de *solteira e chateada* para *solteira e fantástica!* E o que é melhor, quando implementar essas estratégias secretas na sua vida, você vai aumentar drasticamente suas chances de conhecer uma porção de Srs. Próximos em potencial – em todo lugar, todos os dias!

Por que, realmente, você ainda está solteira?

Segredo nº 1:
Expanda sua rede social

A sabedoria popular diz que você é a soma das cinco pessoas que lhe são mais próximas. Essas cinco pessoas afetam o seu nível de felicidade, sucesso, abundância e alegria. Faça uma lista das cinco pessoas com quem você passa a maior parte do seu tempo livre. Seja inteiramente honesta consigo.

Agora olhe sua lista. Quem são as suas cinco pessoas? São casadas ou solteiras? Homens ou mulheres? Gays ou héteros? Felizes ou infelizes? Que idade têm? Como vocês geralmente passam seu tempo juntos? Na casa um do outro ou fora, no mundo em torno de vocês?

Suas respostas talvez sejam mais ou menos assim...

As cinco pessoas com quem passo a maior parte do meu tempo livre são:

1. Meu cachorro (embora não seja tecnicamente uma pessoa de verdade, seu bicho de estimação pode ser um dos seus "amigos" mais próximos. Seja franca!).
2. Meus pais.
3. Minha melhor amiga casada e a família dela.
4. Meu melhor amigo gay.
5. Meus colegas de trabalho (para as ocasionais idas a barzinhos depois do expediente).

Está vendo do que sua vida social de solteira sofre, sem saber? Tudo bem, você tem planos todo fim de semana. Mas com quem? Pessoas que podem celebrar seu status de solteira, ajudá-la a encontrar homens, e/ou a apresentar-lhe novos locais onde há abundância de homens disponíveis e interessantes? Ou pessoas cuja conversa gira em torno de bobagens, como o que aconteceu esta semana na *Fazenda* ou no *Big Brother* e com que gato ficou no último fim de semana na balada?

Olhe sua lista de novo. Consegue ver como o seu círculo social mais próximo pode estar sufocando suas chances de conhecer homens candidatáveis? Quer você passe toda noite de sábado com sua melhor amiga & família assistindo ao filme mais recente do Netflix, ou só se aventure em eventos sociais com seu ótimo amigo gay, ou vá almoçar todo domingo com seus pais e depois tire uma soneca com seu cachorrinho lindo, dê uma olhada como você dedica pouco tempo, de fato, a se pôr em campo para conhecer homens hétero elegíveis. Ainda que essa não precise ser sua função em tempo integral, para conseguir resultados reais (tradução: *diferentes*), você tem de investir um esforço razoável regularmente. Por exemplo, dedique pelo menos três horas por semana para se libertar da sua rotina atual (também conhecida como deserto do romance) para se colocar "lá fora". E isso significa uma situação para a qual você tem de tomar um banho, escolher uma roupa bonita, escovar o cabelo, passar um pouco de batom e deixar seu fone de ouvido e/ou iPod em casa. Saia para o mundo em torno de você sem distração. Vá a uma livraria no sábado à tarde e folheie coisas nas seções de viagens ou tecnologia. Passe um tempo em um café no domingo de manhã, lendo um livro cujo título possa render conversa (*Pense e fique rico* é um título ótimo!) e fique de olho em gatos em potencial. Ou recrute seu cachorro para ser seu cupido e saia para um dia de caminhada, passeie pelo parque de cachorros, seja voluntária em organização de resgate de cachorros e gatos, e assim por diante. A verdade é que o Sr. Certo não vai aparecer em um passe de mágica à sua porta, pronto para um relacionamento com você. E se ele aparecesse, você acharia que ele é alguém à sua espreita, ligaria para a polícia e providenciaria um mandado para mantê-lo afastado. Neste momento, sua missão é sair da sua zona de conforto, ir lá fora e trabalhar o terreno – sem sua melhor amiga casada e o carrinho de bebê, e sem seu melhor amigo gay, que pode parecer um namorado para o desavisado hétero que achou você bonita e gostaria que estivesse sozinha.

Ora, eu não estou lhe pedindo para desistir das pessoas mais importantes da sua vida. Só estou pedindo que expanda seu círculo social o suficiente para que essas não sejam as únicas pessoas com as quais você geralmente socializa.

Vou lhe dar um exemplo da minha vida. Houve uma época em que eu trabalhava em uma empresa. Era um ambiente bem familiar e eu era o símbolo da garota solteira. Eu adorava o meu trabalho e tinha a sorte de trabalhar ao lado de minhas duas melhores amigas (ambas casadas e com bebês). Eu passava 40 horas por semana em um ambiente que celebrava os valores da família. E não só isso, mas eu também passava fins de semana com minhas amigas e seus bebês. Íamos jantar, íamos ao cinema, organizávamos noites de jogo e assim por diante. Só tinha um problema: eu estava perpetuamente solteira e totalmente perplexa com isso.

Eu estava participando do fato de ser solteira? Pode apostar! E foi só quando ampliei meu círculo social, acrescentando tempo em outros ambientes com amigas solteiras fantásticas, que minha vida social mudou. Comecei a namorar pela internet, fui a eventos de *"networking"* onde conheci e namorei diversos rapazes realmente ótimos, e aprendi a adotar a vida fora da bolha das moças casadas-com-filho onde tinha vivido como impostora. Aleluia!

Por mais confortável que provavelmente esteja na sua vida social atual, com amigos mais próximos, se quiser mudar o nível de sucesso que está tendo no que se refere a conhecer e namorar homens, você vai ter que mudar seu círculo social. Tradução: você *tem de* conhecer e passar algum tempo com outras mulheres solteiras. Não só isso; é essencial que você se coloque frequentemente em ambientes ricos em alvos. E quando você vir um moço bonito, em vez de correr para o outro lado, corresponda ao olhar dele, sorria e lhe dê permissão para chegar perto. Acima de tudo, sempre deixe a sua casa com aparência supercuidada e fa-bu-lo-sa!

Segredo nº 2:
Trabalhe o campo no trabalho!

Certa vez eu já estive envolvida em um romance com alguém do trabalho, e vivenciei o Grande Rompimento no escritório, por isso, não defendo o namoro nesse local. O que eu encorajo é *trabalhar o assunto* no trabalho! Vou explicar. Se você trabalha em um prédio de escritórios, provavelmente existem pessoas no seu ambiente de trabalho que podem ajudá-la nos seus esforços de paquera. Por exemplo, seu colega solteiro que joga em um time de basquete do escritório (e conhece toneladas de solteiros elegíveis!), a garota solteira do Marketing que sempre vai aos lugares mais quentes para solteiros (pergunte se você pode ir junto!) e/ou a mulher que está sempre organizando encontros do pessoal fora do trabalho. Se ela é tão sociável, provavelmente conhece alguns moços solteiros!

Não tenha medo de incluir outras pessoas em seu projeto. Comece a recrutar pessoas com quem você se dá bem para apresentá-la a caras legais que talvez conheçam, bem como para apresentar locais bons para solteiros que você tem de conhecer.

É claro que esse é o seu local de trabalho, e você não vai querer virar uma seção de classificados ambulante. Pratique a sutileza e escolha bem seus ajudantes. Se uma pessoa for uma tremenda fofoqueira, você não há de querer pedir a ela que lhe dê uma ajuda com seus amigos. Em vez disso, escolha assistentes confiáveis com cuidado, com base na capacidade de discrição deles, bem como em seu acesso a grupos de solteiros ainda inexplorados. Convide esses ajudantes para almoçar ou para um café com um pouco de conversa. Diga-lhes que está solteira e na pista. Pergunte a eles se conhecem algum candidato em potencial que possam apresentar a você.

E não apenas você deve começar a recrutar a ajuda de colegas, mas também é hora de retirar todas as viseiras autoimpostas e prestar atenção a potenciais candidatos fora do escritório, mas na vizinhança em geral. Por exemplo, o gato em quem você sempre esbarra no elevador do seu prédio. Ou o sujeito bem apanhado que você sempre vê quando dá uma fugidinha para tomar um *capuccino*. Ou o desconhecido *sexy* que lhe sorri toda vez que se encontram na copiadora vizinha. Dê-se permissão para fazer contato visual, sorrir e flertar. Lembre-se, você é solteira e pronta para conhecer gente! Essas são oportunidades excelentes para trabalhar o assunto durante o dia de trabalho sem namorar *no* trabalho. Iurru!

Bem, se você for uma daquelas pessoas de sorte que trabalham em casa, isso pode ser desafiador. Sem a ajuda de colegas e um ambiente de escritório, sua chance de conhecer alguém fica mais difícil.

Eu não disse impossível. Assim, pode parar de resmungar desculpas dizendo que vai ser solteira e trabalhar em casa de pijama para sempre. Tome um banho. Vista aquela roupinha elegante que está no seu guarda-roupa esperando para ser usada, penteie o cabelo, coloque um pouco de maquiagem e vá a um café pelo menos uma vez, esta semana. É bem possível que haja uma ou duas atividades do seu trabalho que você pode fazer

Por que, realmente, você ainda está solteira? 113

em uma mesa do café, enquanto beberica um chocolate. E, considerando a quantidade de gente que trabalha em casa hoje em dia, um café pode bem ser "a" cena social para a solteira esperta!

Segredo nº 3:
Participe de atividades em grupo

Este é outro grande segredo para expandir seu círculo social e se abrir à possibilidade de conhecer um gato ou dois. É hora de começar a participar de atividades grupais. Primeiro, vou especificar o tipo de atividades que quero dizer. Hoje, sua ideia de atividades em grupo pode estar limitada ao seu círculo de tricô (há uma razão para o duplo sentido de "tricotar"), as reuniões do seu grupo no Vigilantes do Peso ou sua aula de ioga. Ainda que você goste dessas atividades e deva continuar com elas, é hora de expandir os horizontes.

Abra sua mente e pense em atividades grupais que você possa curtir e que incluam homens. Por exemplo, se você sempre quis aprender a navegar, matricule-se em um curso de vela no iate clube local. Ou se você adora atividades ao ar livre, filie-se a algum clube ou grupo que organize atividades como caminhadas e viagens de acampamento. E se você é apaixonada por alguma causa, inicie um trabalho voluntário. E, repito aqui, vamos ver suas metas. Fazer trabalho voluntário em um abrigo de mulheres sem--teto, provavelmente não vai lhe permitir conhecer muitos (nem poucos) homens solteiros. Entretanto, se essa é a causa que a toca, vá em frente. Tente escolher uma segunda causa na qual você possa conhecer homens em carne e osso. Exemplos: um grupo ambiental, um comitê de ação política e/ou uma organização do tipo corrida pela cura, que beneficie a pesquisa/tratamento de uma aflição da qual sofrem homens e mulheres.

Cuidado: *Não* se alie a uma causa ou organização que vá contra suas convicções só para conhecer um cara. O objetivo aqui é escolher uma causa, evento ou atividade que seja significativa para você e também ofereça o potencial de conhecer homens elegíveis. Dessa maneira, ainda que você não conheça o Sr. Próximo, estará fazendo algo que é bom para os outros e se sentindo bem a respeito de si mesma. Essa é uma relação ganha-ganha!

Tendo encontrado uma organização ou causa que é significativa para você, o trabalho começa. Sua missão é se apresentar parecendo e se sentindo fantástica sem fazer esforço, e apropriada para o evento (isto é, um vestido de coquetel não é o traje para fazer distribuição de sopa). Canalize a parte mais confiante de si e se apresente aos outros voluntários. Seja aberta, amigável e cooperadora. E não voe direto para algum gato. Basicamente, o objetivo é deixar que seus novos conhecidos a conheçam melhor, gostem de você e, eventualmente, investir em seu projeto de solteira. Você pode não estabelecer uma ligação romântica instantaneamente, mas as pessoas que conhecer podem ter amigos, irmãos e colegas solteiros e interessados. Lembre-se, o que você está fazendo agora é expandir seu círculo social, envolvendo-se na comunidade e recrutando seus auxiliares com cuidado.

Segredo nº 4:
Conheça a vizinhança

Recue um passo para olhar sua situação de moradia e avalie a vizinhança. Você vive em área rural ou urbana? As pessoas da vizinhança são jovens, mais velhas, ou um misto de idades? Quando você caminha por perto, há outros pedestres? É uma vizinhança predominantemente de solteiros, famílias, ou ambos? O lugar onde você mora pode afetar seriamente sua vida social, tanto positiva como negativamente. Aprendi isso em primeira mão.

Quando eu trabalhava naquele ambiente familiar, eu tive a boa sorte de comprar meu primeiro lar, um apartamento bonitinho de dois quartos e dois banheiros em um condomínio nas proximidades do trabalho. Eu me apaixonei pelo condomínio por causa da área comum lindamente bem cuidada, da segurança de viver em uma comunidade fechada, do preço acessível e de sua proximidade do escritório.

O que eu não considerei na equação foi a vizinhança. Logo depois de me mudar eu percebi que tinha ido viver no subúrbio. Todo mundo no supermercado tinha pelo menos uma criança junto. Todos os restaurantes das redondezas eram familiares. Até na minha aula de pilates as conversas giravam em torno de crianças e "lobinhos" escoteiros.

Mais uma vez, eu era a garota que não encaixava. Tal como meu emprego, minha vida em casa celebrava as opções de vida de outras pessoas – casamento, bebês e minivans. Não havia um local para eventos de solteiros, barzinhos *sexy* nem ambientes ricos em alvos que eu pudesse explorar.

Dentro de um ano, eu aluguei meu apartamento, mudei para o bairro dos meus sonhos – ambiente meio artístico, meio boêmio, amigável para pedestres e cheio de solteiros – e, em quatro meses, conheci meu marido.

Você talvez não tenha que se mudar. E mesmo que o faça, talvez não tenha o mesmo resultado que eu tive. Mas você deve a si mesma uma avaliação honesta do seu bairro. Se você for a solteira exceção à regra, vai ter que fazer algumas mudanças. Por exemplo, identifique comunidades próximas amigáveis para solteiros, que possam ajudá-la a encontrar homens semelhantes (e disponíveis). Veja se é viável dirigir alguns quilômetros a mais para ir a um supermercado, um posto de gasolina, um banco ou agência de correio mais amigável para solteiros. Repito, para conseguir melhores resultados nos seus esforços, você tem de mexer na sua rotina e se colocar habitualmente em ambientes de solteiros.

No ramo de imóveis, localização é tudo. Isso também é verdade no ramo do namoro. Ser geograficamente desejável só vai impulsionar suas chances de agarrar uma boa presa. Repito que você não tem de se mudar. Só precisa incorporar alguns sutis deslocamentos na sua vida para tornar sua vida de namoro mais desejável geograficamente.

·············· **Revisão do capítulo** ··············

1. Faça uma lista das cinco pessoas com quem você passa mais tempo socialmente. Estude a lista. Como essas pessoas estão ajudando/atrapalhando sua capacidade de conhecer potenciais namorados?

2. A partir de hoje, faça um plano de ação para expandir seu círculo social, incluindo mais tempo com amigas solteiras e/ou mais tempo em ambientes ricos em alvos.

3. De que organizações você pode participar de modo que expanda seu círculo social? Identifique os eventos, atividades e grupos de que quer participar, bem como um prazo para se juntar a eles.

Capítulo 10

Não seja "aquele tipo de garota": *personas* que podem sabotar o seu sucesso

Agora que você realmente e verdadeiramente terminou a ligação com o seu ex e está pronta para voltar à cena romântica, é hora de se libertar de uma última barreira. A partir de hoje, precisa identificar e descartar todas as *personas* negativas, desesperadas ou de algum jeito desagradáveis que podem aparecer com você nos encontros. Mesmo que não saiba, são essas *personas* que podem estar sabotando o seu sucesso. O teste a seguir vai identificar, se houver, as *personas* disfuncionais dominantes que aparecem quando você paquera, e vai oferecer indicações de como você pode eliminar o drama e celebrar sua rainha interior.

Teste da sua *persona* do namoro

1. Quando conhece um novo gato, seu primeiro pensamento é:

A. Com o cabelo, guarda roupa e artigos de estilo certos, ele pode levar jeito.

B. Tá brincando? É só isso que existe disponível?

118   *A fila anda! Mulheres poderosas não choram*

C. Ótimo. Um cara perfeitamente legal com quem eu vou estragar tudo.

D. Ele parece nervoso. Que gracinha! Vou colocá-lo à vontade...

E. Carro legal, bom emprego, covinhas fofas. Oi, Príncipe Encantado!

2. Quando o moço com quem você está saindo se mostra instável, lhe evita ou não retorna seu telefonema, você pensa:

A. Eu posso fazer ele gostar de mim. Espere só...

B. Já vai tarde! Aquele babaca não era bom o bastante pra mim, mesmo. Você viu os sapatos dele?!

C. Eu sabia. Eu sou tão confusa que ele não soube lidar comigo.

D. Ele deve ter tido um dia ruim. Por que não ligo para ele e me ofereço para lhe preparar o jantar?

E. Ele não deve ser O Prometido. Ah, tudo bem...

3. Quando o homem com quem você está ficando lhe pede exclusividade, sua reação inicial é:

A. Excelente! Estamos na programação certa.

B. Quem ele pensa que é? Quero manter minhas opções em aberto para o caso de aparecer alguém melhor.

C. Ele está falando sério? Não sabe como eu sou instável/insegura/confusa?

D. Vou ser a melhor namorada que já existiu!

E. Iuruu! Felizes para sempre, até que enfim!

4. Quando uma de suas amigas fica noiva, sua reação é:

A. Melhor apressar o passo para sermos os próximos!

B. Certo, ela está noiva. Mas olha com que cara horroroso ela vai casar!

C. Genial. Logo todo mundo que eu conheço vai estar noiva ou casada. Menos eu.

D. Talvez, se eu me oferecer para comprar as alianças, ele me peça logo em casamento...

E. Ela é tão sortuda! Como conseguiu isso?

Não seja "aquele tipo de garota": *personas que podem sabotar o seu sucesso* 119

> **5. Toda vez que alguém pergunta por que você ainda está solteira, sua resposta é:**
>
> A. É que tenho estado muito ocupada profissionalmente. Já lhe contei que fui promovida?
>
> B. Não há homem legal disponível. *Acredite* em mim.
>
> C. Minha terapeuta acha que eu tenho medo de intimidade. Ela provavelmente tem razão.
>
> D. Eu ainda estou me separando do COLOQUE O NOME DO SEU EX. Quer dizer, ele ainda dorme no sofá lá de casa, então não dá para eu namorar outro.
>
> E. Não tenho a menor ideia. Por quê? Você tem alguém para me apresentar?

Seus resultados
(e como eles afetam sua vida romântica)

Se você respondeu principalmente A...

Você é: a Heroína

No trabalho, a Heroína é uma excelente planejadora, líder e abelha operária. Cuida de detalhes, adora um desafio e floresce em um ambiente acelerado. Entretanto, quando se trata de sua vida pessoal, essas características podem sabotar suas chances no amor.

Se algumas ou a maior parte das suas respostas se encaixou na categoria da Heroína, não se desespere. Muitas mulheres incríveis da história foram heroínas: fêmeas fantasticamente bravas com energia masculina bem expressada. O objetivo não é destruir a heroína em você; é compreender sua heroína interior para que você consiga temperar seu aparecimento na vida romântica.

Eis um segredinho sobre os homens. Eles gostam de se sentir necessários. Eles querem fazer coisas para você. Não porque têm que fazer isso, mas porque realmente querem! Sendo uma força tão dominante em um relacionamento (ou mesmo em um encontro), sua heroína interior pode intimidar até o cara mais forte e confiante. Se você está constantemente se encarregando de tudo, planejando seus encontros em todos os detalhes, insistindo em dividir despesas todas as vezes e, no geral, deixando claro e

120   *A fila anda! Mulheres poderosas não choram*

patente que *não precisa* de um homem, ele vai perceber o quadro. E também é muito provável que ele "pique a mula", sentindo-se castrado, desnecessário e não apreciado.

Se respondeu principalmente B...

Você é: a Princesa

Seja franca. Você está acostumada a ter as coisas do seu jeito o tempo todo? Ou, pior, quando não consegue que sejam do seu jeito, você tem um acesso de raiva silencioso ou escandaloso, com a intenção de controlar os resultados? Ainda que essa reação possa ter sido aceitável quando você tinha 2 anos, é uma coisa nada atraente em uma adulta. E se você tem o hábito de recorrer a um comportamento tão juvenil, pode ter jeitos de princesa. Ironicamente, se você *for* uma Princesa, talvez não veja nada de errado com o rótulo. Entretanto, é hora de acordar e sentir o cheiro dessa disfunção.

Armada com um senso de direito resistente à corrosão, a Princesa acredita que o mundo gira em torno de suas vontades e necessidades. (Repetindo: uma personalidade Princesa pode não ver nada de errado nisso). Mas se algumas ou a maior parte das suas respostas ao teste se encaixaram na *persona* de Princesa, veja como esse mau comportamento afeta sua vida romântica: quando sua personalidade Princesa está a toda, você assusta os caras bons e, em vez deles, atrai homens que gravitam em torno de drama, caos e, bem, de periguetes. Esses homens tendem a ser capachos sobre os quais uma Princesa alegremente pisará à vontade até enjoar. Então ela o jogará fora como se fosse um mau hábito, e sairá em busca de possibilidades mais excitantes e dramáticas. Nessa fase, ela vai se apaixonar por um *bad boy* delicado (ele pode ser um príncipe, mas definitivamente não é um rei!), atraída por sua frieza emocional. Entretanto, como verdadeira Princesa, logo vai ficar frustrada com a incapacidade dele de atender a todas as suas necessidades. Ela vai então dispensar o *bad boy* e procurar outro capacho, e assim por diante.

O problema com esse círculo vicioso é que ambos os lados do espectro são igualmente insatisfatórios. Com o tempo, a Princesa vai se tornar cada vez mais frustrada, convencida de que homem algum jamais vai satisfazê-la. E está certa. Isto é, até que ela confronte seu complexo de "direitos", faça uma avaliação honesta de

Não seja "aquele tipo de garota": *personas que podem sabotar o seu sucesso* 121

seu mau comportamento e decida mudar para uma escolha melhor. Armada de autoconsciência e humildade, a Princesa pode aprender a atrair um homem saudável e atraente que vai tratá-la com respeito e constituir excelente parceiro. Mas antes disso ela tem muito trabalho pela frente. Trabalho que começa com desistir de suas exigências ridículas, acatando a ideia de que um relacionamento saudável e feliz é uma via de duas mãos e ela tem de deixar seus modos de diva no portão.

Se respondeu principalmente C...
Você é: a Criança Amarga
Se a maior parte de suas respostas ao teste se encaixa na *persona* Criança Amarga, a boa notícia é que você não é uma causa perdida. A notícia não tão boa é que você tem algum trabalho a fazer antes de estar pronta a incorporar hábitos saudáveis de namoro e acabar encontrando, atraindo e segurando o Sr. Certo. E como não há tempo melhor que o presente, continue a leitura!

Se sua infância foi tumultuada, se sua vida romântica anterior foi dramática e/ou se você sofre de baixa autoestima, é fácil sentir-se como uma Criança Amarga. É também incrivelmente tentador acreditar que amor real e duradouro só existe para os outros. Enquanto suas fantásticas amigas parecem não ter problema em conhecer caras legais que querem se comprometer com elas, você está convencida de que essa oportunidade nunca lhe acontecerá. Vou lhe dizer o problema desse sistema de crenças: ele limita seu nível de sucesso. E você também programa para só atrair um certo tipo de homem, geralmente alguém igualmente de raciocínio limitado, emocionalmente atrasado e/ou seriamente disfuncional. Embora existam certas compensações para esse deserto romântico sem saída (você pode culpar seus pais pela péssima criação que lhe deram, provar para o mundo quanto você estraga tudo e nunca assumir responsabilidade por sua vida em geral, menos ainda pela vida amorosa), essa realmente não deveria ser a estrada de sua escolha.

Para poder atrair um relacionamento saudável e feliz para sua vida, você tem de desistir de sua identidade de produto estragado. Não importa quão infeliz ou pouco saudável tenha sido sua infância, não importa quantas vezes você tenha perdido quem amava, seu futuro não é determinado pelo seu passado, mas por seu próprio sistema de crenças no que a espera no futuro. Se você puder imaginar que seu futuro contém amor, um belo, maravilhoso e excepcional amor, você pode e vai vivenciá-lo. Primeiro você tem de estar disposta a abandonar o que não funciona mais. A seguir, tem de mudar seu sistema de crenças para ver e acolher uma nova realidade. Finalmente, tem de adotar medidas diariamente para manifestar sua nova realidade. Repito, é possível. Sua função é trazer essa nova realidade à vida, passo a passo.

Se respondeu principalmente D...

Você é: a Cuidadora

Você não resiste a um preguiçoso, um aspirante a artista ou outro tipo de homem aparentemente cheio de potencial que não consegue se acertar? Se a maior parte das suas respostas caiu na categoria Cuidadora, você muito provavelmente adora cuidar desses filhotinhos de asa quebrada para que se curem. Só há um problema: a maior parte deles nunca se cura. Assim, a menos que você goste da ideia de tomar conta do seu homem pelo resto da vida, precisa mudar seu comportamento. Comece identificando o que exatamente você ganha sendo uma cuidadora. O que é que você encontra aí?

Geralmente, as cuidadoras almejam a sensação de quererem e precisarem dela. Gostam de cuidar da sua cara-metade porque isso as faz se sentirem poderosas e capacitadas. Na realidade, ser uma cuidadora é uma coisa de poder. Pelo fato de ter mais poder que o seu gatinho com um coração de ouro, pagando as contas, remendando da sua moral em baixa, ajudando-o a superar uma tempestade emocional, você garante a codependência dele e se tranquiliza sabendo que ele nunca vai poder deixá-la.

Mas sabe de uma coisa? Comprometendo-se com ele, você abandona a si mesma. Forçada a colocar as necessidades dele na frente para sempre, você aos poucos começa a perder pedaços da mulher maravilhosa que é no fundo. Talvez você não perceba a perda, a princípio, por estar embriagada na sua viagem de poder. Mas, no final, a *persona* de cuidadora vai te exaurir, vai lhe roubar a vitalidade. Com o tempo, você vai começar a se sentir ressentida, talvez até amarga. E isso não vai dar certo. Você merece coisa melhor. Portanto, por que não desistir enquanto está na frente? Antes de se sobrecarregar com um rapaz preguiçoso que

Não seja "aquele tipo de garota": *personas que podem sabotar o seu sucesso* 123

a suga mental, emocional e espiritualmente, liberte-se de sua necessidade de controlar e afagar. Aprenda a nutrir e cuidar de si. À medida que se recupera de sua luta interna por poder (e é disso que se trata), você mudará o tipo de homem que aparece na sua vida, atraindo afinal um candidato que vai amá-la e apoiá--la tanto quando você o ama e apoia.

Se respondeu principalmente E...

Você é: a Dama em Perigo

Se a maioria das suas respostas ao teste cai nesta *persona*, temos algum trabalho a fazer para que você possa atrair um relacionamento realista e saudável. Ao contrário da Cuidadora, a Dama em Perigo é a pessoa que constantemente precisa ser salva. Entretanto, diferentemente da Criança Amarga, ela não se sente necessariamente mal com sua atrapalhação. Na verdade, ela acha que é perfeitamente aceitável jogar a cautela pela janela, viver além de suas posses e evitar qualquer senso de responsabilidade pessoal, porque isso é o que um bom marido provedor colocará na mesa. Diferentemente da Princesa, ela não acredita descaradamente que tem mais direitos do que seria justo. Ela só não quer se dar ao trabalho de salvar a si mesma. Como consequência, suas finanças são uma bagunça e ela detesta tudo, do trabalho à família. No entanto, não faz nada para consertar a situação, convencida de que qualquer dia destes o Príncipe Encantado vai aparecer e salvar o dia. Repito, não é o ego que a motiva. É o fato puro e simples (tal como ela enxerga).

Parece-lhe familiar?

Se você vive a sua vida como uma Dama em Perigo, sua atitude precisa de um grande ajuste, ou pelo menos de um choque de realidade. Vamos começar encarando esta dura realidade: se o Príncipe Encantado *realmente* aparecesse à sua porta, ele daria uma olhada na bagunça que você criou, daria meia-volta e voltaria para o esquecimento. Nenhum homem saudável, feliz e atualizado quer ter nada a ver com uma mulher que não consegue cuidar de si. Você não tem de ser perfeita, mas não pode ser uma bagunça total.

Assim, o que uma Dama em Perigo pode fazer?

Primeiro, encarregar-se da bagunça que criou. Comece se responsabilizando pelas áreas que requerem mais atenção (por exemplo, dívida criminosa, carro quebrado, relacionamento ruim com seus pais). A seguir, trabalhe com as pessoas apropriadas para tomar as medidas necessárias para reparar perdas por negligência. Você não precisa ter uma ficha de crédito impecável, um carro vistoso nem pais perfeitos para estabelecer uma ligação amorosa duradoura. Mas precisa estar se mantendo por si só da maneira mais saudável possível, antes de pensar em convidar algum homem para entrar na foto. Além disso, ao assumir a responsabilidade pessoal pela sua vida, reparar os problemas maiores e se resgatar, você aumenta muito suas chances de ganhar a admiração de um cara realmente bacana e de acabar namorando o Sr. Certo. Portanto, vá em frente, Dama em Perigo. Salve a si mesma!

Não seja esta garota: a periguete

Se você pretende não levar em conta a possibilidade de ser uma, saiba que a periguete pode se encaixar em qualquer das *personas* mencionadas antes. Ela é uma personagem perigosa que é bom evitar a qualquer custo, porque só deixa problemas por onde passa. Para saber como a periguete pode estar aparecendo em você, faça-se as seguintes perguntas:

* Você está fazendo com que todo cara novo que conhece pague pelos pecados do imbecil que partiu seu coração?
* Você é tão crítica em relação aos homens com quem sai, que não há jeito de eles estarem à altura dos seus padrões impossíveis?
* Você acredita que ser difícil faz parte do teste pelo qual você faz seus possíveis parceiros passarem, para ver se conseguem lidar com você?
* Você tem tanto medo de se machucar de novo que sua defesa é uma impenetrável fortaleza emocional?
* Você se propõe a fazer os homens darem duro para agradá-la, para, no fim, dizer-lhes na lata que falharam?

Se você respondeu "sim" a qualquer das perguntas acima, é muito provável que leve sua periguete interior consigo quando

Não seja "aquele tipo de garota": *personas que podem sabotar o seu sucesso* 125

sai com alguém. E o meu veredito? É hora de dar um pontapé nessa sua garota interior malcriada!

Você viu como certas *personas* podem estar sabotando seus esforços de namoro? Seja porque sua energia masculina está em um tom muito alto (fazendo os homens correrem para o abrigo), ou porque seu desejo de ser salva está repelindo os caras legais, ou porque você se encaixa em algum lugar entre esses extremos, é hora de descartar os apegos doentios a essas *personas* precárias e se tornar a mulher mais bem ajustada que você conseguir ser. Lembre-se, você não tem de ser perfeita para atrair homens incríveis, mas tem de curar as feridas emocionais pouco saudáveis, consertar as bagunças ostensivamente irresponsáveis e aprender a deixar que os homens que conhece façam o teste para o papel de protagonista. Quando fizer isso, você vai mudar drasticamente os resultados românticos vivenciados e, no final das contas, vai gostar muito mais de namorar. Que tal me dizer um *iurruu!*?

Revisão do capítulo

1. Nas situações de paquera, quais *personas* aparecem mais perceptivelmente para você?
2. O que você precisa fazer para deixar de lado essa *persona* e mudar os resultados que está obtendo? Faça um plano de mudança e o implemente.

Você tem alguma pergunta?

Tem perguntas sobre como se libertar das *personas* de namoro que sabotam o seu sucesso? Mande um e-mail para *ask@lisa steadman.com*.

Capítulo 11

Homens que se comportam mal: os caras com quem você não precisa sair

Agora que você conhece os tipos de mulheres que não devem estar no *front* da paquera, é hora de um curso rápido sobre os rapazes a serem evitados. Ainda que no passado você possa ter pensado por que seu caminho nessa área era constantemente atravessado por perdedores, jogadores e filhinhos de mamãe, seu presente e futuro serão muito mais luminosos por causa da clareza que você vai adquirir neste capítulo. Uma vez que consiga identificar claramente os homens que só vão desperdiçar o seu tempo, impedir seu progresso e que não são dignos de herdar o título de Sr. Próximo (muito menos de Sr. Certo), você vai poder se desviar deles rápido e facilmente, e vai pavimentar o caminho para a chegada de um bom homem.

Dói tão gostoso: Reis do drama que você deve evitar, não namorar

Sabendo ou não, você tem uma queda por um certo tipo de homem que não é bom para você. Não se preocupe. Até nos tornarmos espertas, todas nós, mulheres, temos pelo menos uma predileção duvidosa – os caras por quem caímos de amores rapidinho, os que constantemente nos decepcionam e são fundamentalmente ruins para nosso bem-estar emocional (mesmo que machuquem tão gostoso). Vamos dar uma olhada nos possíveis homens pelos quais você faz todo o possível, para ver se podemos cortar seus maus hábitos de uma vez por todas.

O Viciado

Ele pode estar muito a fim de você, mas quer saber de uma coisa? Um viciado sempre vai amar seu vício mais que tudo. A maravilha que você é e o seu amor nunca vão mudar isso. Portanto, quer ele seja um alcoólatra (ele pode ter emprego, casa e conta no banco, e, mesmo assim, ser um), "apenas fumar um baseadinho" ou viciado em medicamentos controlados ou drogas ilícitas, sejamos claras: um viciado é um viciado. Ele nunca vai preferir você à droga. Nem vai mudar de vida simplesmente porque seu amor é forte. E mesmo que você só desconfie que ele tem um problema, esse "probleminha" não vai desaparecer por si. Antes de se envolver emocionalmente, você precisa encarar os fatos. Não é função sua consertar ou salvar um viciado, por mais lindo, inteligente ou cheio de potencial que ele seja. Ainda que pareça romântico, não é *sexy* nem realista pendurar suas esperanças em um cara que já está envolvido em um caso de amor com uma substância qualquer. Mantendo-se perto dele, você estará mais perto de garantir seu *felizes-nunca* do que o *felizes-para-sempre*. Caia fora enquanto pode.

Viciados famosos

Nos anos 1980, adorávamos salvar Corey Feldman e Corey Haim da série de televisão *Os garotos perdidos*). Nos anos 1990 eram Robert Downey Jr. e Kurt Cobain. Os anos 2000 trouxeram problemas para Colin Farrell, Nick Carter e Mel Gibson. Esses caras são *sexy*, mas definitivamente não valem seu tempo e energia.

Garoto amargo

No último capítulo, falei da importância de curar antigas feridas para você não passar a vida como uma Criança Amarga. O mesmo vale para o Sr. Próximo. Seja você uma cuidadora por natureza, ou esteja trabalhando para exorcizar seus demônios emocionais, não tem tempo para desperdiçar com um cara que se agarra à sua bagagem como se fosse seu sistema vital. Repita comigo: um cara ferrado *não é nada sexy*! Para ter melhores resultados no namoro, o Sr. Próximo precisa ser emocionalmente aberto, ser saudável mental e afetivamente, e viajar com a bagagem leve. Isso não significa que ele precisa ter tido uma infância perfeita. Significa apenas que já não vive curvado sob as dores do passado. Embora antigamente você possa ter sentido a necessidade de salvar um homem de si mesmo, agora você sabe quão pouco *sexy* e saudável essa realidade era, realmente. Se e quando se apresentar a você em um encontro um moço que se acha permanentemente prejudicado, preste atenção e desvie dele.

Garotos amargos famosos

Andy Dick (que também é viciado), Dennis Rodman (outro viciado) e Shawn Stewart (o filho de Rod Stewart que aparece em *reality shows* – e também luta contra o vício) são todos conhecidos por sua tendência a serem produtos (muito) danificados.

O Jogador

O Jogador é o presente maior e mais bem embrulhado sob a árvore de Natal. É prometedor, cheio de brilho e atraente aos olhos, mas embora você ache que tem seu nome marcado em cima, ele é, na verdade, um presente para todo mundo. Ou pelo menos é assim que o Jogador atua. Ele é agradável, bom de papo e tem a estranha habilidade de levar as mulheres para casa consigo. Uma vez que chega lá, você está perdida. Seu apartamento de solteiro é cheio de brinquedos, tecnologia e equipamentos para seduzir e maravilhar até a mais prática das mulheres. Da imensa TV de tela plana e caixas de som em todos os cômodos, até sua impressionante coleção de vinhos, o Jogador é um mestre no jogo. Na verdade, ele é um sócio de carteirinha do Clube Peter Pan. E por que cresceria, se estabeleceria e/ou constituiria família? Seu estilo de vida funciona perfeitamente para ele. Mas funcionará para você? Só temporariamente.

Eis a dura verdade amorosa sobre o Jogador. Ele gosta de se divertir. Curte a companhia feminina, mas nunca fica com a mesma por muito tempo. Assim, embora a visita ao seu *playground* possa ser divertida e excitante, não se apegue por muito tempo, esperando por seu robe com monograma bordado. Isso não vai acontecer nunca. O Jogador nunca vai criar juízo e mudar por sua causa. Ao contrário, ele vai só deixar de ligar, de mandar torpedo e ir atrás de você. Vai encontrar um outro objeto brilhante e lustroso com o qual brincar. Ui! Embora o Jogador possa ser uma distração divertida, não deve ser um sério pretendente ao papel de Sr. Próximo. Em outras palavras: próximo!

Jogadores famosos

George Clooney é o jogador por excelência. É claro que nós adoramos amá-lo, mas a fila de jovens beldades que esse astro tem dispensado ao longo dos anos é interminável. Em nossa fantasia, seria legal ser uma pretendente ao Jogo do Namoro de George. Na realidade, o único presente de despedida seria um coração partido (e talvez ele lhe permita ficar com os vestidos de costureiros famosos usados nas festas de Hollywood). Outros jogadores famosos são John Mayer e Jamie Foxx. Bonitos, *sexy* e divertidos, mas também evitam compromisso, são obcecados com o trabalho e emocionalmente fechados.

O Folgado

No papel, o Folgado nunca poderia ser um pretendente a Sr. Próximo, muito menos a Sr. Certo. Mas daí você o conhece e ele é charmoso, adorável e cheio de potencial. Subitamente você se vê dando desculpas para ir ficando. *Mas ele é tão fofo*, você começa. Ou *Ele tem um coração tão bom*. Ou *Ele só precisa conseguir se organizar, para ser um ótimo partido!*

Pode parar aí.

Embora ficar com um folgado na faculdade tenha sido bacana, dar seu coração a um deles é uma tolice. Naquela época você não estava procurando um cara com potencial de longo prazo. Ora bolas, você mesma provavelmente só tinha um emprego de meio período, dormia até o meio-dia e podia passar o verão à beira da piscina. Um folgado fazia sentido naquele cenário.

Mas agora você é adulta. Tem emprego e responsabilidades – uma perfeita vida de adulta. Portanto, antes de entrar nessa estrada sem futuro, pergunte-se: quanto tempo você está disposta a investir em um camarada que tem muito potencial, mas não tem planos de verdade a executar? Isso pode soar muito duro, mas seria uma realidade mais dura ainda se apaixonar e se comprometer com um homem que não consegue manter um emprego, que quer morar com você imediatamente para poder economizar no aluguel e que não conhece o conceito de economizar para momentos de apuro, mesmo que potencialmente ele possa vir a ganhar dinheiro como artista, músico ou empreendedor, *se conseguir uma chance*. Da mesma maneira que você não pode mais se dar ao luxo de ser a Dama em Perigo, também não pode desperdiçar tempo com o Janota em Perigo. E chega.

Folgados famosos

Steve-O, famoso por *Jackass* e *Dancing with the Stars,* é o folgado clássico. Engraçado? Sim. Divertido de assistir? Sem dúvida. Mas é material para um relacionamento sério? Só se você não se cansa facilmente de piadas de peido e brincadeiras desse gênero na cama.

O Sociopata

Eis a melhor maneira de detectar um Sociopata nos rituais de conquista: ele chega quente, desnuda você feiticeiramente (e às vezes literalmente!), diz que está apaixonado por você rapidamente (mesmo que seja legal de ouvir, não é verdade) e, depois de conseguir abrir caminho até seu coração, ele destrói a sua vida.

Por definição, um Sociopata não tem empatia nem direcionamento moral, o que significa que não pode verdadeiramente experimentar nem dar amor. Ele pode, no entanto, parecer encantador, dedicado, amoroso e generoso, o que torna muito mais difícil identificá-lo. Embora um Sociopata possa maravilhar você, tratá-la a vinhos e jantares e sessenta-e-noves, quando sua verda-

132   A fila anda! Mulheres poderosas não choram

deira cara emergir, não haverá como negar quão feio e nada encantador ele é. Quer ele determine como você deve agir e o que deve fazer, critique suas ações, menospreze seu comportamento, minta, te traia ou te roube, uma coisa é certa: você não há de querer ter nada com um Sociopata. Se e quando desconfiar que um Sociopata está nos arredores de sua zona de azaração, corra para o outro lado – e depressa!

Sociopatas famosos

Já ouviu falar de Ted Bundy? Não, não é o Al Bundy, o bufão adorável de *Um amor de família*. Ted Bundy, o assassino em série. Obviamente, nem todo sociopata é assassino em série, mas suas tendências destrutivas vão retalhar seu coração, sua confiança, e a vida que você conhece.

O *Workaholic* (viciado em trabalho)

Tal como você, o Sr. Próximo também deveria ter um certo nível de satisfação no trabalho. Mas sabe de uma coisa? O homem que é casado com sua carreira muito provavelmente não tem tempo ou energia para abrir espaço a você. Embora seja ótimo namorar um cara que genuinamente gosta do que faz, é mais importante atrair um indivíduo que mantenha um equilíbrio saudável entre trabalho e vida pessoal. Isso significa que ele trabalha bastante, de 40 a 50 horas por semana, e ainda encontra muito tempo para recreação, namoro e relaxamento.

Mas então como você pode enxergar a diferença entre um cara que é dedicado ao trabalho e um cara que é casado com a empresa? Quando vocês estão juntos, seu moço...

1. Monopoliza a conversa, falando do trabalho?
2. Fica constantemente checando mensagens e respondendo em seu BlackBerry?
3. Habitualmente atende ligações do escritório?
4. Frequentemente abrevia os encontros para poder voltar ao trabalho?

Se você respondeu "sim" a mais de um desses cenários, é muito provável que esteja saindo com um *Workaholic*. Antes de se comprometer com esse bonitinho obcecado pela profissão, você precisa saber de todos os fatos. Não importa o que ele lhe diz, seu jeito extremamente focado não vai mudar quando ele conseguir aquela promoção ou for transferido para outra divisão. E ainda que possa ser tentadora a ideia de se juntar com alguém que oferece tal segurança financeira, você realmente quer passar aniversários, ocasiões especiais e fins de semana sozinha enquanto seu benzinho está cuidando dos negócios? Eu acho que não.

Workaholics famosos

Justin Timberlake, Anderson Cooper, Anthony Bourdain, George Stephanopoulos, Ryan Seacrest... a lista de *workaholics* famosos é enorme. É uma coisa muito bonita que um homem ame seu trabalho. Mas quando ele é casado com o trabalho? Fuja – DEPRESSA!

O homem emocionalmente fechado

Outro tipo que você deve evitar a todo custo é o homem emocionalmente fechado. Ele pode se encaixar em qualquer das *personas* mencionadas anteriormente, por isso pode ser difícil categorizá-lo. Na superfície, ele pode gostar de diversão e ser fantasticamente bem apessoado, mas é totalmente tóxico para o seu bem-estar emocional! Eis como identificar um homem desse tipo na pista:

1. Ele conta piadas ótimas e adora se divertir, mas não se revela emocionalmente.
2. Ele não faz uma única pergunta do cunho íntimo – *jamais!*
3. Ele se diverte em te humilhar (mesmo que faça isso de um jeito brincalhão).
4. Ele é o centro da festa de sua turma, mas fora disso é geralmente desajeitado socialmente.
5. Tudo na sua vida mostra que ele é um solteirão crônico – ele está perpetuamente solteiro, tem uma porção de amigas, está

sempre procurando experiências novas e excitantes e nunca conversa sobre objetivos ou planos de longo prazo (pelo menos não de planos que incluam uma mulher).

Quando leu sobre os homens que se comportam mal, você identificou aqueles por quem se sente mais atraída? E viu, também, como essa atração pode sabotar o seu sucesso? Agora é hora de se libertar desses hábitos e incorporar uma perspectiva mais saudável de quem o Sr. Próximo pode e deve ser, e quem merece o título de Sr. Certo, no final das contas. Quando estiver pronta, passe para a próxima seção e dê uma olhadinha em um futuro romântico mais promissor...

Muito bem, garota!

Agora que você se desvencilhou da necessidade de salvar alguém e de sofrer ou levar com dificuldade outro relacionamento sem futuro com um Sr. Errado, é hora de acolher um futuro romântico mais saudável. E quem é o melhor homem para o papel de Sr. Próximo? O Sr. Homem Legal. Antes que você comece a zombar dessa ideia e seu espírito crítico dizer que já não existem caras ótimos disponíveis, escute. Existem muitos homens bons por aí. E agora que está livre daqueles binóculos de *bad boy*, você vai ser capaz de achá-los logo, logo!

Muito bem, onde você pode achar esses homens bons que parecem ilusórios? Ao contrário do que você possa pensar, eles não estão escondidos em alguma caverna misteriosa na ilha do Nunca Vai Acontecer. Mas também não é provável que eles venham andando direto até você, se apresentem e peçam o seu número de telefone. Veja, homens bons podem ser tímidos. Podem se sentir intimidados por todos aqueles jogadores e folgados que há anos vêm caindo em cima e roubando as garotas nas quais eles estavam de olho, de lá do outro lado da sala. Embora eles *estejam* de carne e osso entre nós, são mais sutis que aqueles moços mais vistosos com os quais você costumava gastar seu tempo. Na verdade, se você não estiver prestando atenção, não será fácil ver os caras bons na sua vida cotidiana.

E então, o que a moça deve fazer? Tirar as viseiras e ficar atenta! Da próxima vez em que estiver tomando uma cerveja com

Homens que se comportam mal: os caras com quem você não precisa sair   135

as amigas, ou na fila do caixa rápido do supermercado, ou comprando um drive de USB na loja de eletrônicos, pare um minutinho. Dê uma olhada em volta. Veja se não há um gato em um canto, olhando para você timidamente. Ele muito provavelmente quer conhecer você, mas precisa de algum estímulo. Vá em frente, faça contato visual, dê um sorriso amigável; e se ele estiver perto, simplesmente diga oi. Se você der um claro sinal verde para aproximação, o bom moço muito provavelmente vai tomar uma iniciativa. E quando ele o fizer, dê-lhe bastante encorajamento na forma de contato visual, sinal de assentimento com a cabeça e uma risadinha de flerte.

Lembre-se, homens – especialmente bons caras que podem não ser geralmente ousados o suficiente para se aproximar de mulheres que não conhecem – têm um medo de rejeição arraigado. E se você acabar com ele nessa aproximação inicial? Ele pode não tentar com mais ninguém durante meses. Assim, mesmo que você perceba que ele não faz o seu tipo, não seja cruel. Em vez disso, dispense-o da maneira mais suave possível, para que ele possa reunir forças para tentar de novo no futuro.

Dicas para rejeitar bons moços

Se e quando você se encontrar na companhia de um bom moço cujo interesse e afeição você não está procurando, não se livre dele de maneira insensível nem se torne uma periguete intratável. Ao contrário, dispense-o de modo suave, mas firme, usando uma abordagem do tipo *não, obrigada* que pode ser mais ou menos assim:

* Fico realmente lisonjeada, mas não estou querendo namorar agora. Espero que você me entenda.
* Você parece um cara ótimo, mas eu estou dando um tempo nesse assunto de namoro.
* Muito obrigada por me convidar pra sair com você. Mas eu não estou pronta para voltar a sair, ainda.

Sendo compassiva ao dispensar alguém, você convida bom carma para sua vida no futuro. Sendo uma periguete? Cuidado! Nunca se sabe quando o carma ruim pode revidar.

As 10 razões principais para dar sinal verde a um bom rapaz

Você não tem certeza se está pronta para aposentar seu vício em *bad boys*? Dê uma olhada nas 10 maiores razões para mudar esse jeito de ser e dar sinal verde aos caras bons.

1. Caras bons ligam quando dizem que vão ligar (diferentemente daqueles *bad boys* irritantemente inconsistentes).
2. Caras bons estão interessados em você e na sua vida incrível (e não monopolizam a conversação gabando-se de si mesmos)
3. Caras bons gostam de mulheres e tratarão você com respeito.
4. Caras bons podem ser ótimos de beijo.
5. Caras bons economizam para tempos de apuro (o que os torna grandes parceiros!).
6. Caras bons gostam de estar em um relacionamento monogâmico, de compromisso.
7. Caras bons viram pais fenomenais.
8. Caras bons se preocupam com seus sentimentos.
9. Caras bons têm paixão (ela pode estar só escondida abaixo da superfície).
10. Caras bons deixam você acabar primeiro (*aleluia!*).

Está vendo como fazer o esforço inicial para fazer surgir esses caras legais pode levar a colher importantes gratificações mais adiante? E caso você precise de um pouco mais de convencimento, eis alguns exemplos de caras bons fantásticos e famosos...

Seal: O cara compõe e canta canções de amor, gente. E você já viu a Heidi Klum com aparência mais feliz?

Seal fala do segredo para o sucesso no casamento: "O que nós realmente tentamos e fazemos é manter tudo divertido, e eu acho que, de uma maneira engraçada, é aí que está a chave do romance; é a capacidade de rir sempre e achar maneiras diferentes de entreter um ao outro".

Danny Moder: Sem dúvida, Julia Roberts é famosa por seu sorriso, mas desde que conheceu o Sr. Moder e se casou com ele,

Homens que se comportam mal: os caras com quem você não precisa sair **137**

ela tem um sorriso permanente! E ela é a primeira a dar ao marido o crédito por sua felicidade. Adoro isso!

Julia fala de Danny: "Estou no porto da minha vida. Danny realmente acendeu o farol para mim".

Hugh Jackman: Ele sabe cantar, dançar, atuar e é um marido e pai dedicado. Sem dizer que é supersexy (Você já o viu sem camisa? O pacote completo do cara bom!).

Hugh fala sobre manter suas prioridades: "Se eu não tivesse a [esposa] Deb, não sei se eu teria continuado a atuar. Com todos os riscos, ter o amor incondicional de alguém significa que você pode cair de bunda e ser inteiramente amado, mesmo que o resto do mundo lhe jogue tomates em cima... E a mesma coisa com as crianças... Se a sua carreira for mais importante do que eles, você vai ser um inferno. Você vê as coisas saindo da linha, fora de equilíbrio, porque eles simplesmente espelham isso para você. Sentir no fim do dia que você não fez tudo que podia fazer por seus filhos – nada compensa isso".

À medida que você se prepara para conhecer o Sr. Próximo e, por fim, atrair o Sr. Certo, é importante avaliar quem deveria e não deveria ser um pretendente ao seu tempo, energia e emoções. Se você tem um histórico de atrair homens que não conseguem atender às suas necessidades ou seguidamente a rejeitam, é hora de se liberar de sua predileção por esses predadores e remover sua viseira, para poder dar as boas-vindas aos homens bons do seu pedaço. Se eles parecem tímidos ou incertos, dê-lhes sinal verde para que possam dar um passo. E, lembre-se, a rejeição é assustadora. Se e quando você decidir que determinado candidato não é seu tipo, jogue-o de volta na água gentilmente, para que outra mulher incrível possa pescá-lo quando estiver pronta.

·············· *Revisão do capítulo* ··············

1. Recapitule a lista de Homens que se Comportam Mal. Para quais desses você se sente mais atraída quando sai a campo? Como pode se libertar dessa atração para dar espaço a candidatos melhores?

2. No passado, você dispensou caras bons porque eram bonzinhos, disponíveis, atenciosos (etc.) demais? Se isso ocorreu, está disposta a dar uma chance a um cara bom, mais uma vez?

Capítulo 12

E então você acha que está pronta para um relacionamento...

Agora que você já se instruiu e sabe por que está solteira e o que fazer a respeito disso, como evitar canalizar a sua rainha do drama interior nos encontros e que rapazes deve evitar na sua busca pelo Sr. Certo, é hora de reagrupar. Para atrair sem esforço o Sr. Próximo, você precisa avaliar, a seguir, sua "disposição para acasalamento" em geral. Quer seu objetivo seja só namorar, ou caçar e embolsar um gato, ou se instalar com seu par perfeito e constituir família, o sucesso depende, em última análise, de quão pronta, disposta e capacitada você está para liquidar quaisquer hábitos não saudáveis que permaneçam, e canalizar sua personalidade mais autêntica e sensacional. O que se segue, neste capítulo, são dez dimensões importantes da prontidão para o relacionamento. Tornando-se mestre em todas as áreas, você estará dez passos mais perto do nirvana romântico e adiantada no caminho de fazer surgir o Sr. Certo.

Fator nº 1: Você sabe o que quer

O primeiro passo para saber se você está com o coração saudável e pronto para obter resultados reais é perguntar a si mesma quão clara é sua visão do futuro.

Agora é uma boa hora para sentar e se fazer estas perguntas importantes:

1. O que é que eu quero na vida e no amor?
2. Posso me visualizar claramente vivenciando esse tipo de vida e de amor?
3. Acredito que mereço ter uma vida linda e estar em um amor feliz? Se não acredito, o que estou disposta a fazer para mudar o modo como me sinto a respeito do meu merecimento e da minha capacidade de manifestar um amor de verdade?

Atrair os possíveis parceiros certos e eventualmente o amor de verdade começa com um passo simples – entender exatamente o que você quer fazer surgir. Quando tiver clareza de sua visão a respeito dos objetivos ideais do namoro e/ou dos resultados de um relacionamento – qual a sensação do amor, como é um relacionamento saudável e feliz, quem você é em um relacionamento divertido e fabuloso –, será muito mais fácil convidar tudo isso para a sua vida. Portanto, a partir de hoje, em respeito ao seu coração curado, pergunte-se como é sua versão nova e melhorada do *felizes-para-sempre*. Você pode capturar melhor sua nova visão fazendo o seguinte:

Escreva. Revisite constantemente o que você quer e vá refinando esse quadro, escrevendo sobre ele em um diário.

Crie um cartaz da sua visão. Reúna imagens, palavras, frases e fotografias de seu futuro romântico ideal. Arrume-as em um pôster ou placa e coloque esse cartaz em uma área de passagem frequente da sua casa, de maneira que você regularmente o veja, vivencie e tenha um lembrete do que você está tentando manifestar.

Medite sobre isso. Dedique algum tempo para se sentar em silêncio e visitar seu futuro amoroso. Quando não apenas vê o que deseja, mas se conecta com isso regularmente, você traz isso para a realidade sem esforço.

E então você acha que está pronta para um relacionamento... 141

Fator nº 2: Você definiu e refinou suas exigências

Tenha ou não colocado por escrito, você muito provavelmente tem na cabeça uma longa lista detalhada de quem é o Sr. Certo. Você quer um cara que seja bonito, alto, tenha cabelo ondulado, não tenha muito pelo no corpo, goste de *sushi*, não seja filhinho da mamãe, ande de moto e seja bem-sucedido financeiramente. Embora essas listinhas de desejos superficiais sejam divertidas de fazer, elas não vão ajudá-la a ter clareza a respeito de quem poderia ser a pessoa certa para você. Você sabe o que é *genuinamente* importante para atrair seu par perfeito? É hora de ser específica a respeito das qualidades que *serão* boas para você no seu par perfeito. E é aqui que entra este fator. Você precisa definir suas exigências para o relacionamento. Diferentemente daquelas vontades e necessidades divertidas, mas um tanto frívolas, que mencionei acima, suas exigências não são negociáveis. Tradução: seu parceiro em potencial *tem de* possuir essas qualidades para que você leve em consideração namorá-lo.

Escrevendo suas exigências para o relacionamento (o que vai fazer no fim deste capítulo), você adquire clareza a respeito do tipo de homem que vai procurar atrair e que não apenas será um ótimo partido, mas também poderá ser perfeito para você. Assim, quando você estiver na zona de caça e o Sr. Próximo se revelar um não alinhado a esses requisitos, será fácil para você dar o fora sem olhar para trás, porque você sabe que, sem essas características, um relacionamento não daria certo de qualquer jeito. Diga se isso não é economia de tempo!

Para ajudar a ilustrar a diferença entre vontades e exigências para um relacionamento, aqui vão alguns exemplos:

LISTA DE VONTADES POSSÍVEIS
* 1,80 m (no mínimo)
* Olhos azuis
* Ganhe acima de R$ 15.000 mensais
* Goste de praia
* Fale inglês fluentemente

Embora os atributos dessa lista sejam empolgantes e específicos, eles de maneira alguma lhe dão a medida do homem que os possui.

142   *A fila anda! Mulheres poderosas não choram*

Continue a ler para ver como a próxima lista de possíveis requisitos deslocam a identidade do Sr. Certo para uma claridade cristalina.

LISTA DE REQUISITOS EM POTENCIAL
* Viva bem com seus recursos
* Não fume
* Queira filhos
* Tenha boa saúde
* Adore viajar

Conseguiu ver a diferença? Ainda que você possa se sentir mais atraída por homens altos de olhos azuis, a menos que você se recuse totalmente a sair com alguém que não tenha essas qualidades (e quanto isso limita?), elas serão mais uma vontade ou desejo do que um requisito. Por outro lado, se é importante para você ter um parceiro em situação financeira saudável (qualquer que seja seu salário), então viver bem com seus recursos é um requisito não negociável na sua lista. E quando você encontrar um moço alto que está afundado até seus lindos olhos (azuis) em dívidas? Você não irá sair com ele, porque sua saúde financeira não casa com seus requisitos para o relacionamento (não importa quão superlindo ele seja!). Não é uma solicitação difícil de fazer. É a única que você *pode* fazer.

Portanto, vá em frente e faça uma lista de pelo menos dez requisitos para o relacionamento. Você até pode começar fazendo uma lista maior de todas as vontades, necessidades e desejos do que espera encontrar em um consorte. Quando tiver terminado, divida os itens em três categorias:

* Requisitos para o relacionamento (requisitos obrigatórios que decidem o jogo).
* Vontades (itens que é legal ter, mas não são absolutamente necessários).
* Necessidades (características que animam o seu mundo, mas nas quais você está disposta a ceder pelo cara certo. Você pode não saber que são negociáveis, até encontrar um cara ótimo sem essas características).

Separando sua lista de características, qualidades e desejos nessas três categorias, você abre os olhos para o que é absolutamente essencial encontrar no seu par perfeito, bem como para o que pode ter parecido importante no passado, mas agora é mais superficial e desnecessário. E quando tiver clareza quanto ao que o Sr. Próximo *tem de* ter, vai ser muito mais fácil manifestá-lo na sua realidade. Adoro isso!

Fator nº 3: Você está feliz e bem-sucedida sendo solteira

No que se refere a estar solteira, você está no campo do "Iurruu!" ou do "Buáá!"? Vou lhe dizer como ver a diferença. Você está no campo do Iurruu! se tira o máximo da sua vida de solteira, sabe como se divertir nos seus próprios termos e gosta da liberdade que a solteirice lhe proporciona. Do outro lado da moeda, se você se sente solitária, infeliz e desesperada para dar um fim aos seus dias de solteirice, provavelmente está no campo do Buáá!

As solteiras do primeiro campo tendem a ver a solteirice por uma perspectiva saudável, bem como têm uma visão otimista do futuro. As solteiras do campo do Buáá são também conhecidas por detestar o emprego, ressentir-se da felicidade das amigas, ter relacionamentos disfuncionais com membros da família e andar por aí com uma má atitude a respeito da própria vida, no geral. Se você se encontra no campo do Buáá, não é de admirar que ainda esteja solteira. Quer você goste ou não, a chave para atrair um homem saudável e feliz é você se tornar saudável e feliz primeiro. Então, e somente então, você estará pronta para um relacionamento.

Se você está lutando para se sentir satisfeita com a vida que tem agora, tudo bem. Você não é a primeira mulher bacana a se sentir frustrada com os resultados sem graça de suas pescarias, a sofrer de um desejo imenso de estar casada e com filhos nesta idade e a sentir desconforto ao ver todas as amigas se casando e estabelecendo enquanto você não consegue nem enganchar um segundo encontro. Mas o caso é o seguinte: demonstrando essas frustrações, você repele os possíveis gatos que poderiam se aproximar. Além disso, dá a impressão de estar desesperada à procura de amor, o que é pouco *sexy* e afasta o Sr. Próximo!

144   A fila anda! Mulheres poderosas não choram

Conseguir seu crachá do campo Buáá não é coisa digna do seu tempo e energia. Se for possível, tome medidas para diminuir o volume da sua frustração e faça o melhor que puder para viver e amar sua vida a partir de hoje. Apresento a seguir algumas dicas para ajudar a mudar seus sentimentos sobre o estar solteira para ganhar seu lugar de direito no campo do Iurruu!

* Fale de planos divertidos e sensacionais para o próximo fim de semana. Inclua alguns merecidos mimos (cabeleireiro ou spa), ida com suas amigas solteiras a lugares cheinhos de boa caça (bares, discotecas e festas, em vez de reuniões de tricô e fofoca) e uma atividade de lazer que seu ex detestaria e você simplesmente adora.
* Demonstre em um símbolo o seu status de solteira que possa funcionar como um lembrete para amar sua vida como ela é agora (flores frescas semanalmente para iluminar sua casa, um robe de seda para usar em casa e se sentir fabulosa, ou aqueles brincos de brilhante que você vinha cobiçando).
* Se a sua vida social gira em torno de amigas casadas com filhos, expanda isso e inclua algumas amigas solteiras saudáveis e felizes que também amem a própria vida. Se todas as suas amigas estão comprometidas, seria bom fazer novas amizades (falarei mais sobre isso mais tarde).
* Sacuda a sua rotina pelo menos três vezes durante a semana, colocando-se em ambientes novos (vá com colegas de trabalho, após o expediente, ao barzinho chique perto do escritório, assista a uma palestra interessante, vá a uma exposição de arte ou noite de autógrafos em uma quinta à noite com seu visual mais elegante, ou entre em um time misto de futebol ou vôlei que joga todo sábado, por exemplo).
* Saia de sua zona de conforto e diga oi a pelo menos um estranho legal todo dia (o bonitão escolhendo vinho no supermercado, o homem misterioso que lhe sorri na livraria, o Sr. Próximo em potencial no qual você tropeça na fila da pipoca no cinema).

Você vai ficar surpresa de ver como essas mudanças sutis na sua energia emocional e rotina semanal vão mudar seu sentimento a respeito de estar solteira. Além disso, você vai mudar o tipo de homens que são atraídos até você, e logo terá uma porção de Srs. Próximos para escolher!

Fator nº 4: Você está pronta e disponível para se comprometer

Mesmo que você possa *pensar* que está pronta para encontrar, atrair e vivenciar a felicidade do namoro e relacionamento, pode estar carregando inconscientemente um caminhão de bagagem de relacionamentos anteriores. O lado ruim disso é que você sabota seus próprios esforços. Para poder viajar leve de uma vez por todas, comece analisando a qual bagagem você pode estar ainda apegada.

* Você ainda se culpa e se envergonha por erros em relacionamentos passados?
* Você ainda se apega a um relacionamento anterior, relutando ou se sentindo incapaz de admitir outro no seu coração?
* Você pune todo cara que conhece pelos pecados do seu ex e sabota, de maneira geral, suas chances de encontrar o amor?

Faça um inventário honesto de sua bagagem emocional. Existe excesso de peso segurando você? Se existe, você está disposta a fazer algo a respeito?

Depois de avaliar sua bagagem emocional, é hora de livrar-se dela, como mostro a seguir.

* Perdoe-se pelos erros que acha que cometeu no passado. Se você ficou tempo demais no relacionamento errado, ou sacrificou muito de si mesma ao Sr. Errado, ou sente que foi totalmente traída pelo amor, chegou a hora de se perdoar.
* Compreenda que você não pode mudar o que já aconteceu. Tudo o que pode fazer é seguir em frente sem medo. Assim, aqui e agora, desenganche-se de todos os arrependimentos por relacionamentos passados.

146   *A fila anda! Mulheres poderosas não choram*

Se a questão não é o perdão a si mesma, talvez você tenha bagagem amarga para descartar. Isso pode ser mais complicado, porque você pode também negar tal fato.

Eis, abaixo, como distinguir se você está arrastando muita bagagem amarga:

* Você ficou tão ferida em um relacionamento anterior, que transformou em missão de vida contar sua história de traição, decepção e drama a todo mundo que encontra, inclusive aos novos homens que entram na sua vida (e já notou como eles fogem rápido quando você conta?).
* Você está tão convencida de que o amor é uma tremenda mentira que não merece confiança, que construiu uma cerca elétrica em torno do seu coração, de maneira que ninguém entre – ou saia – vivo.
* Quando uma de suas amigas, parentes ou colegas de trabalho fica noiva, casa ou tem bebê, você secretamente (e cinicamente) aguarda que algo aconteça para que aquela felicidade desmorone. E se isso acontece, você sorri maliciosamente e se sente justificada em seu cinismo e amargor.

Soou familiar? Embora o amargor e o cinismo possam ter sido ótimas companhias durante seu isolamento pós-rompimento, esses sentimentos não são o tipo de amigo que você quer por perto pelo resto da vida. Faça um favor a si mesma e livre-se desses maus hábitos logo. Veja como:

* Permita-se confiar de novo.
* Dispense sua necessidade de ser amarga e cansada; em vez disso, pratique doses saudáveis (e diárias) de otimismo e possibilidade.
* Aceite que você possa ter feito escolhas ruins no passado e, em respeito ao seu coração curado, prometa agir melhor no futuro para atrair Srs. Próximos mais adequados.
* Faça um pacto com seu coração de que você vai se tornar uma especialista em sinal vermelho. Assim que o comportamento do Sr. Próximo acionar seu sistema de alarme interno, aja apropriadamente e se afaste dele.

E então você acha que está pronta para um relacionamento... 147

* Compreenda que decepções românticas fazem parte do jogo. Aprenda a diferenciar entre decepção e coração partido. Por exemplo, se e quando um cara com quem você começou a ficar faltar a um encontro, não retornar a sua chamada ou decidir voltar para a ex, é claro que haverá sentimento de decepção. Entretanto, você não estava tão envolvida emocionalmente para ficar de coração partido. Na verdade, seu coração não deveria se machucar antes de você ter trocado declarações do tipo *eu te amo* com alguém realmente especial que pode ser o Sr. Certo. Se e quando o homem com quem você tem um relacionamento de amor e compromisso faltar a um encontro, não retornar sua chamada ou resolver voltar para a ex, aí então pode haver coração partido. Entendendo a diferença entre uma coisa e outra, você será capaz de navegar melhor o traiçoeiro terreno da azaração.

Livrando-se de toda a bagagem emocional que ficou para trás, você, sem dúvida, se sentirá mais leve, mais livre e mais aberta à possibilidade de que o amor a encontre de novo. Além disso, você muito provavelmente vai descobrir que sua agenda se abre e que agitar sua rotina regularmente pode ser divertido e fantástico. Não se estresse se esse processo levar tempo. Contrariamente ao que diz a sabedoria popular, milagres *não* acontecem de um dia para o outro. Eles exigem tempo, esforço e energia (e além do mais, o que mais você tinha na agenda para o resto da sua vida?).

Fator nº 5: Você tem uma atitude saudável em relação ao trabalho

Embora isso não pareça ter vínculo direto com sua vida amorosa, a maneira como você se sente em relação ao seu trabalho ou escolha de carreira pode ter impacto na sua prontidão para um relacionamento. Veja, se você gosta do que faz, tem satisfação pessoal em executar bem o seu trabalho e não deixa que o emprego interfira na sua agenda ou na sua possibilidade de conhecer e sair com homens, é mais provável que você consiga sucesso nesta última atividade.

148 A fila anda! Mulheres poderosas não choram

Se, por outro lado, você habitualmente trabalha além do horário, tem horários pouco habituais, sente-se infeliz em relação às suas perspectivas no emprego e/ou acha seu trabalho incrivelmente estressante, é muito provável que não tenha tempo, energia ou desejo suficientes para sair e conhecer possíveis namorados, para atrair homens saudáveis e felizes e, no final de contas, para fazer surgir um relacionamento satisfatório.

Se você está atualmente insatisfeita com sua vida profissional, provavelmente vai ser preciso fazer mudanças para que possa acolher o amor na sua vida. Seguem algumas possíveis soluções:

* Busque ativamente outro emprego na mesma área, solicite uma mudança de horário/escala, ou se lance em uma nova carreira.
* Pergunte-se o que é que você não gosta no seu emprego e veja se pode ajustar sua atitude para se sentir melhor trabalhando lá.
* Converse com seu chefe ou tome outras medidas para aliviar o estresse relacionado ao trabalho.
* Comprometa-se a encaixar uma atividade social nova na sua rotina de meio de semana.

Sentindo-se melhor a respeito do trabalho e seu ambiente, e criando um estilo de vida fora do emprego que possa genuinamente curtir, você se torna mais disponível para namorar e ter sucesso em um relacionamento. E mais, você se torna uma pessoa muito mais legal de ter por perto, o que a fará ainda mais irresistível para os homens! Comprometendo-se solidamente a dar este passo importante, você garante prontidão para relacionamento.

Fator nº 6: Você está mental, física e espiritualmente saudável

Muitas mulheres se preocupam em perder peso para poder encontrar o Sr. Próximo. Mas se concentram muito menos em sua saúde, boa disposição e bem-estar no geral. Estar saudável mental, física e espiritualmente é o que realmente a deixa pronta para um relacionamento. Se você sofre de dor crônica, doença mental e/ou algum outro problema de saúde debilitador, pode ser uma luta manter um relacionamento amoroso e duradouro. Isso não significa que, se você *tiver* algum tipo de problema crônico, não merece encontrar o amor. Mas na jornada em direção ao felizes-para-sempre, é importante avaliar sua saúde física, mental e emocional. Se alguma coisa estiver fora do lugar, respeite a si mesma e trabalhe para chegar a uma solução saudável. Conforme a necessidade, passe a comer alimentos mais saudáveis. Pratique exercícios mais frequentemente. Busque ajuda profissional no caso de estranheza física ou mental. Pratique um comportamento autoacolhedor. Sentindo-se consistentemente saudável e feliz, você se dá sinal verde para conhecer o Sr. Próximo e acabar atraindo o Sr. Certo.

Fator nº 7: Suas finanças estão em ordem

Este assunto pode ser particularmente sensível para algumas mulheres, por isso preste atenção se esse é um tema que normalmente faz você bater em retirada (ou pelo menos enfiar a cabeça embaixo das cobertas). Se você está à espera de um homem que dê um jeito nas suas aflições financeiras ou legais, chegou a hora de um choque de realidade.

Ao se colocar perpetuamente em situação financeira difícil (por exemplo, você está afogada em dívida ou ignorando/evitando um assunto legal), você vive em recusa. E isso não vai dar certo! Não apenas *não* é função do seu futuro parceiro arrumar suas preocupações legais ou financeiras, como também, na realidade, quanto mais rápido você limpar as trapalhadas inacabadas, mais depressa ele pode chegar. A partir de hoje, tome medidas para consolidar dívidas de cartão de crédito, encare suas preocupações financeiras e/ou legais e crie um caminho para sua solução (mesmo que tal processo te assuste muito). É o único caminho para que você possa adentrar o futuro e convidar o Sr. Próximo para ir com você. Se precisar de ajuda, fale com um consultor financeiro e/ou um advogado e, junto com ele, tome providências que garantam um futuro mais seguro.

Fator nº 8: Seus relacionamentos familiares são saudáveis

Antes de se tornar 100% pronta para um relacionamento, você precisa garantir que os relacionamentos existentes estejam tão saudáveis e felizes quanto for possível. Comece fazendo um inventário pessoal de seus relacionamentos íntimos. Eles são funcionais, emocionalmente saudáveis e maduros? Ou são combativos, disfuncionais e dramáticos?

Talvez você não saiba, mas relacionamentos pouco saudáveis e infelizes com seus amigos, familiares e/ou parentes podem interferir e vão acabar interferindo em sua vida romântica e podem até sabotar um relacionamento. Por isso, é essencial para o seu futuro feliz consertar os relacionamentos deteriorados que você tenha, ou pelo menos fazer o melhor que possa para curar velhas feridas. Você pode não ser capaz de resolver tudo (especialmente com pessoas de má vontade, doentes ou ausentes), mas com o fato de tomar providências e fazer sua parte, você mostra ao universo que está disposta a tentar. E não só isso, mas você também dá um passo acima e opta por não continuar sendo vítima do passado. Os Srs. Próximos que surgirem como resultado do seu compromisso com relacionamentos saudáveis e felizes serão eles mesmos saudáveis e felizes. Iurruu!

Fator nº 9: Você é saudável na paquera

Esta competência de prontidão para relacionamento pode requerer alguma prática de sua parte. E isso é absolutamente fantástico (e superdivertido)! Para garantir o sucesso de namoro e relacionamento futuros, é essencial que você estude, incorpore e domine os hábitos das solteiras eficientes e experientes.

Seguem apenas algumas das novas competências que será bom você adquirir.

Você se sente à vontade para iniciar contato com os moços

No passado, você talvez ficasse de língua amarrada ou até corresse para o outro lado ao encontrar um gato em potencial. Sendo

E então você acha que está pronta para um relacionamento... 151

agora uma solteira saudável e feliz, é hora de se tornar profissional na coisa! Isso significa que toda vez que se encontrar na presença de um Sr. Próximo em potencial (seja em um bar, em um evento de *"networking"*, ou mesmo andando na rua), você vai se sentir segura o suficiente, dentro da sua pele, para olhar nos olhos, sorrir e dizer oi. Esse gesto simples dirá a ele que você está interessada, disponível e confiante. Se ele fizer o próximo movimento, ótimo! Se ele se contiver e você estiver se sentindo especialmente ousada, inicie uma conversa. Ele vai pegar a dica e o resto é com ele. E se ele não morder sua isca, não se preocupe. Você é autoconsciente o suficiente para perceber que o azar é dele, e, sem problema, segue para o gato seguinte. E não tem perda de tempo!

Você fica à vontade com um *não* que significa *não*

Se e quando você estiver pegando alguém, ou na presença de um possível paquera, e ficar claro que ele não é um pretendente adequado, você cai fora de maneira suave e sem esforço, sem mágoa. Isso é especialmente importante quando o moço mostra um comportamento pouco saudável, disfuncional ou bizarro (por exemplo, hostilidade contra a ex, ciúme ou raiva exagerados e/ou qualquer outra demonstração de instabilidade emocional). Em vez de pular em sua montanha-russa emocional e viajar nela até ficar tonta, você é capaz de reconhecer os sinais de alerta, de se desvencilhar com educação, porém firme, do ambiente desse moço, e de se afastar com a cabeça levantada, sabendo que você é fabulosa demais para se envolver com alguém que pode ser prejudicial ao seu coração.

Você lida bem com a rejeição

Se a rejeição é parte do jogo da paquera (e é), então você não pode se permitir afundar no lodo cada vez que um rolo não resultar em uma ligação amorosa. Ao contrário, sua função é lidar com todas as decepções que experimentar com estilo, classe e facilidade. Você não apenas se dedica a celebrar seus sucessos, mas é também a rainha quando se trata de se livrar de dramas, desastres ou decepções no mundo da paquera. Além disso, você domina seu próprio estilo de flerte e pegação, tornou-se um ímã de atração e está sempre de olho no Sr. Próximo. Isso é o que se pode chamar de estratégia vencedora!

Você mantém intactos seus limites físicos e emocionais

No passado, talvez você tenha se jogado em um relacionamento físico depressa demais por causa da química entre você e o Sr. Errado. Ou talvez tenha se revelado emocionalmente cedo demais e as coisas logo fracassaram. Agora, saudavelmente, você tem seus limites bem colocados, de maneira que a intimidade física nunca progrida depressa demais, e se forme uma ligação emocional com o tempo, em vez de acontecer muito rápido com alguém que você mal conhece. Ao estabelecer, comunicar e manter seus limites no campo de caça, você ensina a todos os Srs. Próximos o que é apropriado e como você gostaria de ser tratada. Se e quando ele desrespeitar esses limites, você, numa boa (e sem drama), vai lhe pedir explicações e decidir se ele merece outra chance ou se é hora de terminar.

Fator nº 10: Você é saudável nos relacionamentos

Depois de dominar as habilidades de solteira experiente, seu próximo item da agenda para estar pronta para um relacionamento é estudar e dominar as competências de relacionamento de longo prazo. Seguem algumas dessas habilidades nas quais é recomendável tornar-se perita.

Você mantém intimidade com seu parceiro de maneira fácil

O estabelecimento de uma intimidade saudável entre duas pessoas requer que ambas conheçam a si mesmas e se sintam confortáveis para se expressar e expressar suas necessidades ao parceiro. Uma vez que a intimidade tenha se estabelecido, mantê-la se torna o desafio seguinte. Para manter a intimidade sem esforço, cada um dos participantes precisa estar constantemente pronto, disposto e capaz de revelar sua personalidade mais autêntica, ser vulnerável quando necessário e permanecer ligado emocionalmente ao parceiro, mesmo em épocas de estresse ou crise. Se e quando aparecer um problema, ambos os parceiros devem se juntar para restabelecer a intimidade. Embora possa parecer intimidante, pode ser também a conexão mais recompensadora que você vai ter com alguém na sua vida.

Você está à vontade para comunicar suas necessidades

Relacionamentos saudáveis e duradouros são construídos sobre uma base forte de comunicação aberta. Isso significa que, para atrair e segurar o Sr. Certo, você precisa dominar a arte de comunicar suas necessidades de formas saudáveis e apropriadas.

Comece definindo com clareza quais são suas necessidades. Comunique-as ao seu parceiro de maneira saudável e apropriada. Em troca, respeite seu parceiro ouvindo as necessidades dele. A comunicação eficaz inclui ser franca com relação ao que você sente, e ouvir e trocar de maneira recíproca. Não espere que seu parceiro seja capaz de ler seu pensamento. E, sempre que possível, evite usar chantagem emocional, emitir ultimatos ou entrar em discussões desnecessárias só para ter suas necessidades atendidas. Quando você dominar esse conjunto de habilidades, terá dominado a arte de se relacionar saudavelmente. O Sr. Certo vai lhe agradecer!

Você se permite confiar e ser vulnerável

Uma das recompensas mais satisfatórias de estar em uma parceria saudável é a possibilidade de se revelar completamente ao seu amado. Isso requer um nível de confiança e vulnerabilidade que só pode ser conseguido com o tempo. Quando o atingir, compete-lhe manter esse nível de confiança e vulnerabilidade. Como? Permanecendo aberta, sincera e comunicativa. Estando constantemente ciente de seus pensamentos, sentimentos e energia, e disposta a compartilhar isso com seu parceiro e a receber a energia dele em troca. Respeitando seu parceiro e suas escolhas, bem como confiando que ele cuidará dos seus interesses e nunca abusará de sua vulnerabilidade emocional. Dando e recebendo amor sem barreiras ou bloqueios, você se abre a um relacionamento mais rico do que qualquer um que já tenha vivenciado. Pode ser uma situação vacilante, incerta e amedrontadora a princípio, mas vale e muito seu tempo e esforço.

Então, aí está. Dez fatores de prontidão para o relacionamento que contribuem com seu sucesso na área do namoro e acasalamento. Dominando essas dez áreas da sua vida, você incorpora sua melhor personalidade e garante um futuro romântico bem-sucedido. Tenha em mente que essas habilidades podem exigir tempo e prática. Se houver áreas específicas em que você sente dificuldade, não espere sucesso de um dia para o outro. Em vez disso, persista, pratique a paciência e trabalhe com o fito de experimentar resultados excepcionais e consistentes.

Revisão do capítulo

1. Recapitule os dez fatores da prontidão para o relacionamento. Em que áreas você se sente confiante? Quais áreas precisam de mais trabalho?

2. Crie um plano de ação para melhorar seus pontos fracos e celebrar os pontos fortes.

3. Revise regularmente sua prontidão para o relacionamento até se sentir satisfeita com suas habilidades e competências.

Capítulo 13

As novas regras do namoro

Agora que você está pronta para enfrentar o campo de batalha da azaração, será que está se perguntando se suas habilidades sociais estão atualizadas ou antiquadas? Não importa quanto tempo faz desde que você esteve solteira da última vez, é hora de se matricular em um curso rápido das novas regras do namoro. Não pule este capítulo achando que já sabe tudo que precisa. Com toda a tecnologia disponível para nós e o acesso à gratificação instantânea via Facebook e Twitter; com a variedade de sites de namoro pela internet e a crescente popularidade do *sexting* (envio de fotos picantes para o sexto oposto, via celular), a azaração pode às vezes dar um sensação frustrante, confusa e desnorteante. E com boas razões.

Diferentemente da época em que as regras eram definidas com clareza e facilidade (um rapaz convidava você para sair, vocês começavam a se conhecer, decidiam ficar firmes, se estabelecer e acabavam se casando), no novo milênio você pode não entender inteiramente como a azaração mudou, e muito menos como você deve jogar para ganhar. Seguem algumas regras ultranovíssimas nessa área. Quando aprender a adotá-las, seus resultados vão mudar drasticamente do mais ou

156 A fila anda! Mulheres poderosas não choram

menos para o sensacional. Logo a sua estratégia vencedora vai ganhar uma porção de possíveis Srs. Próximos e, no tempo certo, talvez até coloquem na cesta o Sr. Certo. A aula começou!

Regra nº 1: Sair com vários é fácil, possível e essencial

Num passado não muito distante, o namoro pela internet tornava mais fácil ter um encontro em um sábado à noite. Se você tivesse sorte, encontraria um cara ótimo e, possivelmente, se apaixonaria. Hoje, as solteiras mais experientes sabem que o namoro pela internet é um jogo de quantidade. Em lugar de colocar todos os seus ovos emocionais em uma única cesta, o jeito é pegar vários. Fazendo isso constantemente, você se libera da pressão de marcar um encontro com um cara perfeito. Como consequência, suas expectativas ficam mais realistas porque você sabe que se um gato escapar, outro vai tomar o lugar dele. Não é fabuloso?

Além disso, quando azara com vários, você consegue testar suas habilidades de flerte, namoro e acasalamento de maneira consistente, com uma variedade de homens interessantes, instruídos e disponíveis. Analisando os resultados (isto é, a reação dos moços), você consegue refinar seu comportamento, minimizando o que não dá certo (falar muito, mandar muitas mensagens entre os encontros e assim por diante) e aumentando o que dá certo (manter o interesse dele sendo um tanto misteriosa, não dormir com ele logo e assim por diante). Além disso, tornando-se experiente na multipegação, você consegue experimentar um bufê de amostras de homens disponíveis, decidir quais qualidades e características se encaixam melhor nas suas vontades e necessidades e acabar atraindo o partido mais perfeito para você.

Você está lutando para conseguir um cara só, imagine uma porção? Para começar, você tem de tirar essas vendas autoimpostas e sair da sua zona de conforto. Não se congele de intimidação, você não vai entrar sozinha nessas novas águas escuras. Aqui vão cinco estratégias a toda prova para navegar o território inexplorado do *multi-dating* (namoro múltiplo).

1. Inscreva-se em vários sites de namoro pela internet e dedique pelo menos uma hora por semana a cada um (atuali-

As novas regras do namoro   157

zando seu cabeçalho e perfil, examinando as possibilidades, e enviando flertes ou piscadas).

2. Informe-se sobre eventos para solteiros, como, por exemplo, *speed dating* (encontros rápidos) e outros eventos que promovam contatos, e compareça regularmente, com seu melhor visual. (Faça um favor a si mesma e aprenda como percorrer um salão!)

3. Diga a seus amigos que você está pronta para voltar ao campo de batalha e pergunte se eles conhecem alguém que possam apresentar a você (se disserem sim, cobre-lhes essa apresentação).

4. Recrute a ajuda de um consultor que tenha acesso a um banco de dados de pretendentes disponíveis, interessados e interessantes.

5. Coloque-se regularmente em ambientes ricos em alvos (cuide de estar bonita e olhar nos olhos de todos os gatos em potencial que localizar!)

E não pare, depois de postar seu perfil, de comparecer aos primeiros eventos para solteiros, ou de encontrar novos locais para ir que você goste. Seu novo emprego de meio período é regularmente colocar todos os métodos mencionados em prática. Quando fizer isso, você provavelmente atrairá um punhado de candidatos elegíveis. Aí, então, compete-lhe levar com confiança os rolos em paralelo. Repito, o objetivo aqui não é comprometer-se com o primeiro pretendente com quem você entrar em contato. É ficar confortável de encontrar e namorar uma variedade de homens, para poder fazer escolhas melhores a respeito da pessoa com quem pode acabar se estabelecendo. Enquanto isso, relaxe, divirta-se e aproveite!

Quer se manter dentro de um orçamento? Você não tem de quebrar a banca para namorar vários. A propósito, não se espera mais que os homens paguem a conta. Se eles oferecerem, aceite simpaticamente, mas não espere isso. Você também tem salário! E para manter a azaração dentro dos seus recursos, mescle diversas maneiras de como conhecer homens, o que fazer quando saem juntos e concentre-se em encontros mais curtos e orientados a atividades, como por exemplo...

Encontro para um café: Um primeiro encontro na verdade não precisa durar mais que uma hora. Combine de se encontrarem para tomar um café em uma cafeteria tranquila e não barulhenta. Chegue alguns minutos antes da hora marcada, peça seu café com leite ou chá gelado e instale-se na mesa perfeita, de preferência em um canto afastado, para que vocês dois possam conversar sem se sentirem em uma vitrine.

Encontro esportivo: Se a ligação inicial entre você e o pretendente foi relacionado ao de esporte (no seu perfil ou por e-mail, mensagem de texto ou telefone), faça seu primeiro encontro acontecer em um evento esportivo. Vocês podem ir a um jogo de futebol, vôlei ou tênis, onde possam continuar esse vínculo comentando roubadas de bola, erros de saque e toques na rede (assim como gols e pontos emocionantes, e vitória no jogo), sem a pressão daquelas conversas ao gênero de interrogatório.

Encontro ativo: Um ótimo jeito de conhecer uma pessoa nova é calçar os patins, passar o giz no taco de bilhar ou alugar sapatos de boliche. Quer seja sua primeira vez ou você seja uma "profissional" experiente, essa pode ser uma experiência que aumenta a zona de conforto e deixa você mais aberta e informal, e, no final das contas, é mais provável que vocês revelem suas verdadeiras personalidades um ao outro. Apenas não seja má perdedora ou ganhadora exibida – isso não é *nada* atraente!

Encontro em grupo: Não se acha pronta para um encontro só de vocês dois? Convide o moço para participar de uma atividade em grupo, como uma noitada de jogo de baralho ou uma partida de vôlei. Estando rodeada de pessoas de quem gosta, você tem mais probabilidade de revelar seu melhor lado, e ao mesmo tempo deixa que o pretendente dê uma olhadinha em seu mundo. Se ele conseguir se dar bem com seus amigos, há boas chances de ser um bom pretendente a um segundo encontro!

Como você vê, acabou-se aquele tempo de jantar e cinema no primeiro encontro. No mundo moderníssimo de hoje, o primeiro encontro deve ser curto, barato, ter uma atividade e, em última instância, permitir que vocês se conheçam em um ambiente de pouca pressão.

Regra nº 2: As pessoas têm período mais curto de atenção (Em outras palavras, aprenda a *usar isso!*)

Lembra-se de quando se convencionou culpar a MTV de ter criado o período curto de atenção dos adolescentes e pré-adolescentes dos anos 1990? Hoje, a MTV parece internet discada, em comparação com todas as outras mídias de alta velocidade que competem por nossa atenção a toda hora. Dos videogames aos e-mails que chegam dia e noite aos iPhones ou BlackBerrys, além da necessidade de atualização a respeito da vida dos amigos minuto a minuto via Facebook e Twitter, está ficando cada vez mais desafiador não somente *obter* a atenção de alguém, mas *manter* essa atenção. E como isso se aplica à sua azaração?

Com toda franqueza, já não basta mais ser uma gata atraente e disponível. Você tem de ser uma gata atraente, sabida, atualizada, que sabe onde está seu mercado-alvo e como atingi-lo. Isso significa que você tem de entrar no jogo da mídia social, criar chamadas atraentes para seu perfil de namoro pela internet, atualizá-lo regularmente e anunciar suas qualidades de solteira como uma profissional. Parece impossível? Não é. Só exige um pouco de tempo, energia e dedicação. Se você estiver engajada em conseguir resultados reais, vai fazer esse esforço. E vai também colher recompensas – muito interesse *on-line* e *off-line* que resultará em encontros promissores e, finalmente, um relacionamento com o Sr. Certo. Seguem algumas estratégias testadas e boas para fazer estardalhaço no mundo atual do namoro com tecnologia.

Estratégia nº 1: Use as redes sociais como profissional

O melhor meio para captar a atenção na arena das redes sociais é fazer atualizações constantes e atraentes sobre o que está fazendo, na sua página de perfil. Em vez de simplesmente digitar "comi um macarrão delicioso no jantar" ou "fui a um barzinho com as meninas", torne sua vida mais interessante com atualizações como: "Hoje fiz macarrão cabelo-de-anjo com muçarela ralada na hora, abri uma garrafa de Pinot Grigio e estou terminando um pedaço de bolo-mousse de chocolate. Alguém aceita sobremesa?", ou "Estou tomando champanhe com minhas amigas no Bar X e conferindo os gatos. Onde você vai para fazer amigos?".

Percebeu a diferença na maneira e no conteúdo do que você está comunicando? Sendo específica, você pinta um vívido quadro de sua vida sensacional. Isso torna muito mais fácil para os Srs. Próximos deste mundo darem uma espiada e decidirem se gostariam de fazer parte dela. Daí compete a ele (e ele, e ele) se aproximar e, a você, decidir se ele merece entrar na festa também conhecida como sua vida.

Estratégia nº 2: Mude sua rotina

Antigamente, esperar que o Príncipe Encantado aparecesse à sua porta parecia uma boa ideia. No novo milênio, quem tem tempo de sentar e esperar? Para maximizar seus resultados de relacionamento no ambiente acelerado de hoje, você tem de aprender como incorporar seu status "solteira pronta para o acasalamento" na sua rotina diária. Em vez de somente transitar entre a casa e o trabalho todo dia, mude sua rotina frequentemente (não semanalmente, mas diariamente!). Isso significa que toda vez que sair de casa você deve estar na sua melhor aparência, bem vestida e de forma que atraia os olhares. Significa também que você deve mexer na sua rotina diária, entrando na padaria para comprar seu café com leite matinal, em vez de tomar café da manhã em casa, mesmo que este seja mais rápido, ir ao parque com o cachorro em um *look* superatraente (salto e vestidinho preto não dá, mas que tal um tênis estiloso, camiseta chamativa e calça jeans justa?) e, em vez de almoçar no escritório, como tem feito há meses, deve sair para tomar ar fresco em uma praça enquanto come seu sanduíche ou chamar uma colega solteira para ir a um restaurantezinho legal.

Enquanto está nesses novos ambientes, mantenha os olhos abertos para detectar possíveis gatos. Faça contato visual, sorria e, se possível, encontre um modo informal de se conectar. Quer alguns exemplos? No parque, diga que você está pensando em ter um buldogue e pergunte se ele conhece alguma organização de resgate de buldogues. No café, corra os olhos para ver as possibilidades, escolha um alvo e se aproxime com confiança informal, perguntando que horas são, se você pode pegar o molho de pimenta e/ou o que ele está comendo, que tem aparência e cheiro tão delicioso. Lembre-se, obter a atenção de um cara não é ciência estratosférica. É um jogo de quantidades, e você tem de estar no jogo para ganhar. Além disso, a maior parte dos homens solteiros está *morrendo* de vontade de ter uma deixa para se apresentar a uma garota atraente. Se você lhes der abertura, eles vão aproveitar (se forem espertos).

Regra nº 3: A tecnologia mudou o jogo (*Aceite isso!*)

Já passou o tempo em que se criava um perfil bacana para o site de namoro virtual, com sua foto favorita, e se relaxava enquanto as piscadas, flertes e interesses começavam a chover. Hoje, o *pool* de possibilidades de namoro pela internet é grande e multifacetado. Agora você tem de trabalhar um pouco mais para ter resultados reais. Invista no sucesso acatando as múltiplas plataformas agora disponíveis a qualquer pessoa: inscreva-se em diversos sites de nichos específicos, adicione um vídeo seu ao seu perfil ou experimente um *speed dating* virtual por meio de vídeo, por exemplo. Agora é hora de explorar suas opções, testar os resultados e ver o que acontece.

Para maximizar seus resultados do namoro virtual, examine as diretrizes a seguir.

Inscreva-se em uma variedade de sites desse tipo, para obter melhor resultado

Cubra o espectro existente de mercados de nicho, incluindo um site que vise casamento, se esse for o seu objetivo (os mais famosos são eHarmony.com e Parperfeito.com.br), um site de namoro informal (pense em Match.com e coisas do tipo), e um site de interesse especial (dirigido a um nicho que a interesse, como: judeus, evangélicos, vegetarianos e protetores dos animais, apaixonados por cachorros, motoqueiros, ciclistas, e assim por diante). Expandindo a sua busca para além de um único site, e mirando áreas específicas de interesse, você vai melhorar os resultados da sua busca e se tornar uma usuária experimentada em pouco tempo.

Crie apelidos específicos e atrativos para esses sites

Da mesma forma que deve trabalhar as atualizações que posta no Facebook e no Twitter, você precisa criar nomes vívidos, surpreendentes e cativantes para os sites de namoro virtual para desfrutar de melhores resultados. Lembre-se, há milhões de pessoas nesses sites competindo por atenção. Para conseguir uma boa participação, escolha um nome que brilhe e cintile! E seja específica, dependendo do site. Por exemplo, no Date-MyPet.com, algo como "namore meu bicho de estimação", em lugar de um apelido genérico como "Jessie123", escolha um nome mais cativante, como "AmoPugs" ou "GarotadoBeagle". Em um site de namoro informal, como o Match.com ou o Chemistry.com, escolha um nome como "Sorrir&Dançar", "Laura-Divertida" ou "SósiaPrincesaLéa". Por razões óbvias, evite apelidos negativos como "DevoradoraHomens", "DificilDePegar" ou "Amar&Largar".

Faça com que sua "chamada" reflita sua intenção

Quanto à chamada ou cabeçalho dos seus perfis, isso também vai depender do site de namoro em que cada um está. Entretanto, cada um deles deve ser atraente e deve refletir sua intenção de relacionamento. Em vez de simplesmente declarar "Em busca do amor", ou "Procurando minha alma gêmea", faça com que seu cabeçalho vibre com detalhes específicos.

Exemplos de chamadas eficazes:

* Morena atraente e animada procura cara bacana que adore rir
* Viciada em aventura, atraente, busca cavalheiro que pule *bungee-jumping*
* Amante de *world music* à espera de cara tipo Groove Armada
* Francófila interessada em conhecer alguém que também seja fã da língua, de vinhos e viagens
* Sósia da Katherine Hepburn (jovem) procura um Bogart

Está pegando o espírito da coisa?

As novas regras do namoro 163

Poste várias fotos boas

Não se esqueça de postar uma variedade de fotos recentes, em que você esteja bonita e cativante, em cada um dos seus perfis nos sites de namoro. Quer você goste disso ou não, homens são criaturas visuais, e cabe a você mostrar sua fabulosa pessoa sob a melhor luz possível. Eis, a seguir, algumas dicas que vão ajudá-la a escolher as fotos certas para os sites.

Você deve: Postar fotos relevantes para aquele determinado site. Nada de fotos de você como madrinha de casamento no www.be2.com, nem de fotos do Carnaval no Parperfeito.com.br... E escolha fotos que mostrem você na atividade específica visada nos sites de nicho (você e seu cachorro no site de apaixonados por cachorros, você sobre sua moto no site de motoqueiros, e assim por diante). Confie em mim: seus resultados vão quadruplicar se você colocar uma variedade de fotos que a mostrem vivendo e amando sua vida.

Você não deve: Postar fotos antigas, nas quais acha que aparece mais atraente ou mais magra; nem fotos recortadas, nas quais ainda aparece o braço do seu ex. Ninguém quer se sentir dispensável e/ou substituído. E quando você deixa um pedaço do ex na foto? Seu possível pretendente tem uma ideia do que o espera (Não faça isso!).

Você detesta *todas* as suas fotos? Você não é a única. Mas ouça uma dura verdade sobre o namoro virtual. Mais é mais. E em lugar de postar só uma foto superbonita em que você aparece na sua melhor forma, acolha a criatura maravilhosamente imperfeita que você é e pavoneie sua fantástica pessoa, com várias fotos de diversos jeitos – por exemplo, posada e espontânea, em ambiente interno e externo, em atividade e toda glamourosa... Tal como foi dito para o nome e cabeçalho escolhidos, quanto mais específica você for, melhores resultados vai ter.

Talvez seja até o caso de investir em retratos tirados por profissional. Faça o que puder para pintar um quadro ideal mostrando quem você é de fato.

Não pode gastar muito? É possível obter retratos de boa qualidade por um preço razoável. Peça referências a amigos ou pro-

164 A fila anda! Mulheres poderosas não choram

cure o serviço na internet. Pense nessa pequena despesa como um investimento para o seu futuro feliz-para-sempre. Nesses termos, é um pequeno preço a pagar para atrair o Sr. Próximo.

Atualize regularmente sua chamada, fotos e vídeos

Para conseguir os melhores resultados no namoro virtual, é recomendável que você poste rotineiramente novas fotos, vídeos e atualizações do seu perfil. Isso vai mover seu perfil para o topo dos resultados das buscas de namoro virtual e vai ajudar a atrair o interesse dos participantes mais recentes de cada site. Além disso, a atitude mostra que você está atualmente ativa no site, o que alerta aqueles candidatos quentes conhecidos como Srs. Próximos para o fato de que devem se mexer e dizer alô enquanto você ainda está no mercado. Vamos, vamos, foi!

Regra nº 4: O namoro é uma indústria

Desde a última vez em que você esteve no campo de caça para cá, a indústria do namoro evoluiu para uma ciência social sofisticada. Existem centenas de livros dedicados à arte do namoro virtual, como agarrar e pôr na bolsa um cara bom, e que regras devem ser seguidas para assegurar que o homem dos seus sonhos proponha casamento no primeiro ano de namoro. Existem também *coaches* e especialistas dedicados ao seu sucesso. Como solteira experiente, sua função é empregar todos os métodos e profissionais que achar úteis, dominar os novos princípios e agir de acordo. Pense na sua vida de azaração como um trabalho temporário divertido e fabuloso. Você precisa implementar as ferramentas, estratégias e pessoal de apoio certos para tornar seu trabalho mais fácil e divertido, e para gerar os resultados que você quer.

Antes que você rejeite a ideia de pagar alguém para ajudá-la a se tornar mais eficaz nessa área, deixe que eu lhe pergunte uma coisa. Você alguma vez já usou os serviços de um cabeleireiro, manicure, costureira, dentista, nutricionista, *personal trainer* ou planejador financeiro? Se já o fez, você provavelmente procurou essas pessoas para lhe ajudar a fazer uma tarefa que *você poderia ter feito* sozinha, mas achou mais confortável recrutar a assistência de um profissional treinado. Graças à ajuda deles, os resultados alcançados muito provavelmente foram superiores ao que você obteria por si mesma. A mesma coisa vale no mundo do namoro. Se você estivesse contente com os resultados que estava obtendo, não estaria lendo este livro, certo? Apresento a seguir alguns profissionais que seriam interessantes juntar à sua equipe de sucesso.

Um coach de namoro

Em respeito à transparência total, devo registrar que eu sou uma *coach* de namoro. Mas não recomendo esse profissional só porque é isso que faço para viver. Incentivo você a considerar consultar um *coach* de namoro porque, tal como o *personal trainer* que a ajuda a tonificar e fortalecer o corpo, o profissional certo de *coaching* vai ajudá-la a refinar e fortalecer suas habilidades de namoro, gerando resultados notáveis. Um *coach* de namoro pode trabalhar com você para:

1. Identificar seus requisitos de relacionamento (não negociáveis), bem como as vontades e necessidades, de forma que você tenha clareza quanto ao tipo de homem que quer atrair.
2. Perceber com clareza suas convicções limitadoras e como se libertar delas.
3. Conhecer possíveis armadilhas dos namoros e como evitá-las.
4. Analisar seu comportamento de namoro e relacionamento sexual e oferecer sugestões para melhorar seus resultados.
5. Refinar suas habilidades para que você consiga ter sucesso em namoros simultâneos (*multi-dating*)

Um especialista em perfis de internet

Acredite se quiser, existem pessoas no ciberespaço cujo trabalho é ajudar você a maximizar o resultado dos sites de namoro virtual. Quando você contrata os serviços dessas pessoas, elas empregam seus artifícios para melhorar seu apelido, chamada, perfil, fotos e resultados de busca. Elas também ajudam você a tirar o máximo do serviço de namoro virtual em geral. Isso é o que eu chamo de trabalho valioso! Se isso lhe interessa, procure no Google "ajuda/consultoria para namoro virtual" ou veja se

166 *A fila anda! Mulheres poderosas não choram*

algum dos sites em que você já está inscrita recomenda um especialista em perfis para dar suporte adicional.

Uma casamenteira

Falando nisso, você está preocupada com que sua falta de resultados satisfatórios no namoro possa derivar de sua falta de confiança em si e nas suas escolhas? Se esse é o caso, pare de se preocupar. Você pode contratar ajuda para garantir decisões mais bem informadas. Um casamenteiro eficaz não só possui um banco de dados de candidatos elegíveis, mas ajuda a peneirá-los com base nos seus requisitos, vontades, necessidades e desejos. Uma boa ajuda para a equipe, realmente!

Se você se sentir sobrecarregada de escolhas agora, pare. Respire fundo. Acalme-se e saiba que neste exato momento você não precisa montar uma equipe inteira, nem encontrar o Sr. Certo até a semana que vem. Tudo que precisa é abrir a cabeça para as possibilidades e, quando estiver pronta, começar a implementar as estratégias apresentadas neste capítulo. Mesmo que você dê um passo por vez, fará progresso e conseguirá resultados melhores.

·· *Revisão do capítulo* ··

1. Recapitule as novas regras da azaração. Qual delas você pode implementar esta semana? Crie um plano de ação para fazer isso.
2. Convide sua Tripulação Iurru para uma sessão de *brainstorming*. Ajudem-se umas às outras a criar apelidos e chamadas bonitos, atraentes e persuasivos para cada site de namoro virtual em que tiverem se inscrito.
3. Faça uma lista dos membros da sua equipe ideal de apoio ao sucesso no namoro. Veja se é possível contratar pelo menos um novo membro da "equipe" no mês que vem.

Capítulo 14

Os segredos da marcação (de encontros!)

Agora que você está pronta para um relacionamento e foi instruída quanto às novas regras de namoro no nosso mundo tecnológico, é hora de revelar alguns segredos – e muito importantes – do sucesso. Veja, embora o namoro virtual, os eventos para solteiros e a tecnologia possam ter tornado mais fácil encontrar Srs. Próximos em potencial, esses avanços não tornaram necessariamente mais fácil fazer conexão e/ou deixar uma impressão duradoura (Dizem algumas solteiras experientes que isso ficou até mais difícil!). Se o estabelecimento e manutenção de uma ligação com o Sr. Próximo não é tão fácil como costumava ser, como é que você trabalha sua primeira impressão nesses poucos encontros iniciais? Lendo mais um pouco você conhecerá os segredos que a farão pegar e levar sem esforço diversos encontros com diversos gatos em pouco tempo.

Segredo nº 1: Seja você mesma

Quando você conhece um cara novo, especialmente alguém superfofo de quem você pode estar realmente a fim, siga esta regra muito simples: seja você mes-

168 A fila anda! Mulheres poderosas não choram

ma. O quê, você estava esperando conhecer os segredos da beleza e juventude eternas e do magnetismo humano? Lamento estourar o seu balão. É realmente simples assim. Para garantir uma primeira impressão memorável e deixar o moço querendo outro encontro, eis algumas diretrizes para dominar a arte de ser V-O-C-Ê:

1. Quando sair de casa de manhã, use sempre alguma coisa que a faça se sentir confortável e bonita. Desse modo, se e quando se vir face a face com um gato, você vai estar suficientemente confiante para sorrir, dizer oi e esperar para ver se nasce uma conexão.
2. Quando se tratar daqueles primeiros encontros com o Sr. Próximo, planeje atividades sensacionais e divertidas antes do encontro, para não ficar gastando horas e horas se estressando ou se encanando com cada detalhezinho. Por exemplo, marque um *brunch* e uma reunião de manicure e pedicure com as garotas, antes de encontrar o Sr. Próximo para tomar uns drinques à noite. Ou curta um dia de spa com suas amigas, recebendo uma massagem relaxante ou tratamento facial antes de tomar uma ducha, vestir uma roupinha superatraente e ir tomar um café com o gatinho que você conheceu na fila do supermercado ou do restaurante.
3. No primeiro encontro, chegue uns minutos mais cedo. Examine o lugar, escolha um ponto acolhedor e confortável, e verifique mais uma vez se você não tem mancha de batom nos dentes, antes de arrumar uma pose atraente e informal (Se você não conseguir chegar antes, pelo menos chegue na hora; nada se iguala à má impressão que você dá quando chega atrasada, sem fôlego e estressada).
4. Para o primeiro encontro, prepare mentalmente alguns tópicos de conversação ou quebra-gelo. Sim, o Sr. Próximo deve saber como conduzir a conversa, mas, na dúvida, você pode deixá-lo à vontade, fazê-lo rir e/ou transformar um silêncio constrangedor em gracejos inteligentes (Ele provavelmente vai lhe agradecer mais tarde – e, mais provavelmente ainda, vai pedir um segundo encontro!).

Segredo nº 2: Divirta-se

Ainda que conhecer uma pessoa nova e sair com ela nas primeiras vezes possa ser um suplício para os nervos, deve ser também divertido. Você me ouviu bem – divertido! Portanto, em vez de se preocupar com *onde é que isto vai dar*, sente, relaxe e permita-se ser do seu mais fantástico jeito. Isso envolve olhar para o moço, sorrir quando apropriado e travar uma conversa informal (sem fritar o cidadão perguntando sobre sua estabilidade no emprego, histórico de relacionamentos e cadastro de crédito). Haverá muito tempo para avaliar compatibilidades de longo prazo se e quando vocês decidirem que querem continuar a se ver. Mas, nos primeiros encontros, flerte um pouquinho e simplesmente se divirta!

Precisa de ajuda para colocar um pouco de diversão/animação nesses encontros iniciais? Eis algumas diretrizes:

1. Não se esforce demais. Da mesma forma que você provavelmente percebe quando um cara está se esforçando demais em um encontro, eles também conseguem sentir as *vibes* negativas que você está disfarçando. Desespero, ansiedade, rancor ou sentimentos que ainda tem pelo ex – você pode estar contando mais do que pensa. E nada esfria mais um homem do que uma garota desajeitada e atrapalhada que está tentando demais impressioná-lo. Não faça isso!

2. Tenha senso de humor (e esteja disposta a rir de si mesma). Sejamos claros. Encontros nem sempre são engraçados. Mas se você mantiver seu senso de humor nas trincheiras, vai ganhar muitos pontos com o Sr. Próximo. Se ele perguntar das asneiras nos namoros passados, em vez de matraquear citando uma lista de babacas, idiotas e ex-namorados que pisaram na bola com você, simplesmente sorria ou ria e conte uma ou duas historinhas leves. O moço vai apreciar sua franqueza e ponto de vista. Além disso, ele muito provavelmente vai contar uma ou duas histórias engraçadas dele. Vocês podem rir juntos dos perigos e oportunidades da vida de solteiros experientes, ao mesmo tempo que quebram o gelo e genuinamente se interessam um pelo outro.

170   *A fila anda! Mulheres poderosas não choram*

3. Escolha atividades apropriadas para o encontro. Quer você esteja pronta para casar e se aquietar, ou fique feliz de circular na área perpetuamenta (haverá muito tempo para isso mais tarde). Repito, os primeiros encontros com alguém são para conhecê-lo, devagar, mas deliberadamente. Depois, se vocês decidirem mutuamente que querem continuar a se encontrar, poderão revisitar a ideia do jantar romântico, de ir um para a casa do outro e, afinal, viajar juntos.

4. *Relaxe!* Se você ficar nervosa no primeiro e segundo encontros, esta diretriz é especialmente importante. Namorar deve ser divertido e muito bom, não algo estressante que dá infarto. A melhor maneira de representar a si mesma em um encontro é estando relaxada, à vontade e despreocupada. Se a ansiedade aparecer, pergunte primeiro a si mesma se existe razão para ela. O rapaz faz você se sentir à vontade? O comportamento dele é rude, ofensivo ou humilhante para você ou para as pessoas em torno de vocês (garçom, manobrista, atendente do bar)? Ser for, é recomendável que você peça licença e suma dali. Você sempre deve confiar em seus instintos. Entretanto, se você é ansiosa por natureza, é importante encontrar meios de se acalmar para poder curtir de fato o encontro, em vez de temê-lo. Ninguém quer sair com uma mola de estresse bem apertada. Assim, pratique um pouco de respiração para relaxar. Se suspeitar que tem problema sério de ansiedade, procure um médico.

Segredo nº 3: Diminua o volume da sua crítica interna

O propósito de ter esses primeiros encontros com o Sr. Próximo não é decidir se você quer se casar com a pessoa sentada à sua frente à mesa do bar, café ou restaurante. É discernir se ele merece outro encontro. Portanto, faça-se um favor e, em vez de ficar obcecada com o que deu errado no último encontro, ou de se preocupar pensando se este gatinho agora pode ser o Homem Prometido ou não, baixe a bola da sua crítica interna e simplesmente curta conhecer um pouco do Sr. Próximo. Eis como:

Os segredos da marcação (de encontros!)   171

Faça perguntas e realmente *ouça* as respostas dele. Conte coisas a seu respeito que sejam genuínas, para ajudar o Sr. Próximo a decidir se gostaria de marcar um segundo encontro com você também. Contenha qualquer julgamento durante o encontro. Esta é a *sua* oportunidade de absorver não apenas o que ele diz, mas como diz, bem como a forma como ele ouve e responde a você. Se você passar o tempo inteiro do encontro dentro da sua cabeça com a sua crítica interna, analisando, julgando e criticando ("O corte de cabelo dele é *terrível!*", "Você viu o carro em que ele chegou? Lixomóvel!", "Que tipo de homem não puxa a cadeira para a mulher se sentar? Ele já era!", "Olha como ele está nervoso. Que coitado!"), vai perder a chance de realmente chegar a conhecer essa pessoa imperfeita que poderia ser perfeita para você.

Se a sua crítica interna é barulhenta, odiosa e a fêmea alfa está no seu cérebro, a ideia de diminuir o volume dela pode parecer praticamente impossível. Mas não é. Veja, não se trata de fingir que ela não existe. Trata-se de reconhecer que ela é uma parte de você e de fazer as pazes com ela. Assim, quando você estiver em um encontro e ela levantar sua cabeçona feia, você simplesmente se reclina um pouco, sorri e a manda calar a boca. Vocês duas podem discutir o moço mais tarde. Mas enquanto estiver no encontro, *você* está no comando. E você vai praticar um jeito mais gentil e suave de conhecer o Sr. Próximo, a fim de determinar se ele pode um dia ser o Sr. Certo.

Vou lhe dar um exemplo da minha própria vida. Houve época em que minha crítica interna regulava minha vida romântica. Eu escolhia regularmente rapazes perfeitamente legais. Eis a seguir só algumas das razões pelas quais minha crítica vetou candidatos ótimos:

Ele é agradável, gentil e aberto emocionalmente? O que há de errado com esse moço?

Flores no primeiro encontro? Ele está se esforçando demais!

Ele quer dividir a conta? Próximo!

Deus meu, ele está ligando demais. Esse moço não tem vida própria?

Essa camisa fica ridícula pra ele. O que ele estava pensando?

172 A fila anda! Mulheres poderosas não choram

Bem, você pode concordar ou discordar de qualquer das críticas acima. E o que parece certo para você no campo do namoro será diferente do que é certo para outra pessoa. O meu motivo para dar esses exemplos é que eu percebi, retrospectivamente, que eu dispensei alguns homens realmente ótimos por causa da minha crítica interna e minhas inseguranças. Dou esses exemplos também porque, ao longo do caminho, algo em mim mudou. Minha crítica interna e eu fizemos um acordo: concordamos em discordar de vez em quando.

Então, algo incrível aconteceu.

Eu comecei a me divertir nos encontros. Eu me permiti a oportunidade de curtir encontrar e conhecer uma variedade de homens interessantes. Algumas vezes tivemos só um encontro, algumas vezes namoramos alguns meses. Mas por ter baixado a bola da minha crítica interna e segurado o julgamento até que houvesse sinais claros de incompatibilidade, eu pude conhecer melhor os homens com quem saí. Eles também puderam me conhecer melhor. Nesse processo, o moço e eu permitíamos um ao outro fazer escolhas bem informadas ao decidir se queríamos continuar a sair juntos.

E sabe o que mais aconteceu? Quando um Sr. Próximo gentil, elegante e superfofo captou a minha atenção em uma noite de verão, na minha discoteca favorita, eu prestei atenção. E embora minha crítica interna estivesse lá, apontando quão jovem ele parecia ser, quando ele pediu meu número no fim da noite, eu dei. E quando ele me ligou logo no dia seguinte, diminuí a voz que reagiu de cara – *Ele está muuuito apressadinho!* – e, ao contrário, aceitei seu convite para jantar. Quando o Sr. Próximo apareceu para nosso primeiro encontro com flores, calça social, suéter e sapatos engraxados, minha crítica interna se arrepiou. Ela rosnou *Ele está se esforçando demais!* e *Ele parece certinho demais para nós!* Em lugar de concordar com ela, eu delicadamente lhe disse para calar a boca.

No nosso primeiro encontro, esse homem encantador que era cinco anos mais novo que eu (*Não juramos dispensar homens mais novos?* resmungou minha crítica) me contou que tinha ido a Paris no ano anterior, mesmo tendo perdido o emprego seis meses antes da viagem (*Não muito prático!* ela apontou, maldosamente). Ele explicou que, mesmo enquanto recebia o seguro desemprego, tinha conseguido economizar 200 dólares por mês durante seis meses, e, com as milhas que havia ganhado nas viagens a trabalho no emprego que tinha perdido, tinha obtido uma passagem de ida e volta e uma semana de graça em um hotel de luxo em Paris (Minha crítica interna na hora calou a boca.).

Em algum ponto entre o ardente relato da viagem a Paris, sua agradável sinceridade ao contar como se preocupava com a irmã mais nova, que tinha metade da sua idade e não ia bem na escola, e, de repente, ele virar para mim, na discoteca para onde acabamos indo após o jantar, dizendo quando tinha gostado do meu nariz (*Meu nariz? Ninguém jamais gostou do meu nariz antes!*), eu percebi uma coisa. O Sr. Próximo era um bocado incrível. E se eu não me permitisse conhecê-lo melhor, a perda seria minha.

O Sr. Próximo acabou se tornando o Sr. Certo e hoje é meu marido. Até hoje, minha crítica interna e eu só concordamos em uma única coisa – ainda bem que ela calou a boca naqueles encontros iniciais e me deixou conhecê-lo mais a fundo.

Direto dos *arquivos das mulheres destemidas...*

"Meu ex era realmente encantador. Carismático, engraçado, o centro da festa. Mas na vida privada ele era mal-humorado, bebia demais e nunca me ajudava quando eu precisava dele. Depois que terminamos e comecei a sair com outros, percebi que eu era atraída por um certo tipo de homem. O cara Bonzão. Eu não me sentia bem comigo mesma, perto desses homens. Eu me sentia feia, indigna e carente, e eles jogavam com isso, porque era bom para eles. Então conheci um cara novo. Inteligente, sem pose, gentil. Ele gostou de mim, ficou atrás de mim e tinha tempo para mim. E embora não fosse tão extrovertido como os outros caras que eu tinha namorado, tinha tantas outras qualidades fantásticas que eu decidi lhe dar uma chance. Agora temos um relacionamento e é maravilhoso. Graças a Deus quebrei aquele hábito de *bad boy* e fiquei esperta." – *Andrea*

Segredo nº 4: Deixe o moço querendo mais

Sabe qual a melhor maneira de enganchar um segundo, terceiro e quarto encontros? Deixe o Sr. Próximo querendo mais! Não importa quanto você esteja curtindo e quanto esteja atraída por ele, tenha em mente que os homens amam a emoção da caçada. E se você entregar todos os bens logo de cara, ou revelar muitas coisas cedo demais, ele logo vai perder o interesse e passar para outra. Aqui vão algumas dicas para deixar o Sr. Próximo querendo mais.

Mantenha os primeiros encontros curtos e divertidos. Mesmo que você realmente queira, resista à tentação de estender o encontro para além do que foi planejado. Tendo uma estratégia de fuga enquanto as coisas ainda estão estimulantes, você atiça o interesse dele e garante que ele a convide de novo. Por exemplo, se ele perguntar se você não gostaria de jantar após aquele encontro de vocês no café, simplesmente sorria, agradeça e sugira "Vamos deixar para outra vez". Então, vá embora sabendo que ele muito provavelmente vai combinar essa "outra vez" logo (se já não o fez)! Da próxima vez, se ele tentar estender o encontro de novo, aceite o convite, mas só por mais uma ou duas horas. À medida que continuam se encontrando, vá dando a ele mais acesso a você e ao seu tempo, da forma como se sentir confortável. Ele vai gostar das recompensas e você vai continuar se sentindo objeto do desejo.

Da mesma forma que quer deixar o Sr. Próximo querendo mais de você em relação ao tempo, nos primeiros encontros, deixe que ele queira mais fisicamente, também. Mesmo que você possa se sentir excitada e louca por ele, segure essa paixão por enquanto. Haverá muito tempo ao longo do caminho. Nos primeiros estágios do conhecimento mútuo, alguns beijos apaixonados deveriam ser o limite. Por mais que você ache essa regra frustrante, ela é essencial para o seu sucesso de modo geral. A verdade é que, se você deixar que um relacionamento físico progrida muito rapidamente, arruinará as possibilidades de desenvolver a intimidade emocional. Você também obscurecerá seu julgamento e correrá o risco de cair na armadilha do sexo, uma situação traiçoeira que a leva a pensar que a sua compatibilidade sexual faz de vocês um casal perfeito em todas as áreas.

Os segredos da marcação (de encontros!) 175

·················· **Perigo da azaração:** ··················

Evite a vulgaridade emocional

Quer outro segredo para deixar o Sr. Próximo querendo mais? Evite ser sórdida emocionalmente. Eis os exemplos de tópicos que são apropriados e não apropriados para os primeiros encontros:

Apropriados: Onde você foi criada, em que você trabalha, seus *hobbies* e do que você gosta.

Não apropriados: Quantos parceiros sexuais você já teve, por que motivos seu ex era um cretino, como seus pais ferraram com você, como você odeia ser solteira e quer se casar.

Lembre-se, o propósito dos primeiros encontros não é contar a história da sua vida. É dar um breve e honesto vislumbre da pessoa incrível que você é e da vida maravilhosa que tem, a fim de que o Sr. Próximo possa decidir se ele quer saber mais (e vice-versa!). Ao possibilitar essa olhadinha de relance no seu mundo, mantendo uma tampa apertada sobre o resto, você captura o interesse dele e garante que o Sr. Próximo vai discar seu número e convidar você para sair de novo. Ponto!

Segredo nº 5: Não faça joguinhos

Quer você goste ou não, o namoro é um jogo. Quando estiver escolada nas regras e orientações, você pode escolher o que dá certo para você e se tornar mestre. Depois de dizer isso, a dica que vou dar pode parecer contraintuitiva. Embora a azaração seja um jogo, você não deve fazer joguinhos com os homens que pegar.

Como você diferencia entre jogar o jogo do namoro e fazer joguinhos com os moços?

A azaração em si é um jogo e há diretrizes a seguir que asseguram maior sucesso quando se está no campo (e este livro é cheio delas). Fazer joguinhos com os homens é coisa maldosa que só vai lhe atrair carma ruim.

A melhor maneira de evitar fazer joguinhos durante a azaração é ser absolutamente genuína nas suas intenções e ações. Se você estiver interessada em ver o Sr. Próximo de novo, diga isso. Mas se não estiver, não o fique enganando com a promessa de um telefonema que você na verdade nunca dará. E se o Sr. Pró-

176 A fila anda! Mulheres poderosas não choram

ximo ligar ou lhe mandar e-mail, pratique a boa educação e responda prontamente, queira ou não vê-lo de novo. Seja direta, mas ao mesmo tempo gentil. Afinal, você nunca sabe quando é que você vai receber um convite semelhante. E se vocês dois concordarem em ter um novo encontro? Sucesso! Se não acontecer, levante-se, sacuda a poeira e volte ao jogo. Você não tem tempo sobrando para passar um tempo no banco de reserva a cada drama, desastre ou decepção que lhe acontecer na azaração.

E se e quando alguém fizer joguinhos com você, não use isso como munição para atirar sobre o próximo cara com quem sair. Isso será um gasto total de tempo e energia, para não falar das emoções do Sr. Próximo.

·············· *Revisão do capítulo* ··············

1. Recapitule os cinco segredos para garantir futuros encontros. Qual deles você vai incorporar no seu próximo encontro?
2. Qual segredo você acha mais desafiador? Há chances de que ele seja aquele que você precisa desvendar e praticar mais. Desafie-se a colocá-lo em prática já no próximo encontro.
3. De que forma sua crítica interna possivelmente sabotou seus encontros anteriores? Faça uma lista das críticas que ela fez que não ajudou em nada seus esforços. Tenha uma conversa com ela e delicadamente lhe diga para calar a boca.

·············· *Vamos entrar em contato* ··············

Conte-me seus progressos! Filie-se à minha *fanpage* no Facebook para me dizer o que está achando do livro.

Capítulo 15

As leis da atração

Quando se trata de conhecer o Sr. Próximo, conversar, saber mais sobre ele e tentar decidir se é caso de pegar ou largar, a atração tem um grande papel. E embora a atração seja um ingrediente importante na receita de um relacionamento saudável, ela nunca deve ser o ingrediente principal. Na verdade, ela pode muitas vezes lhe desviar, convencendo-a de que a reação química que tem com o Sr. Próximo significa que ele é o Sr. Certo, quando de fato muito mais coisas devem ser consideradas. Seguem-se neste capítulo quatro importantes leis de atração. Entendendo e seguindo essas leis, você vai ser mais capaz de atrair com perícia o Sr. Próximo, mantendo distância dos Srs. Errados que só causariam uma reação química indesejável e, finalmente, vai fazer surgir o Sr. Certo.

Lei de Atração nº 1: Entenda o fator "tchan"

Uma de minhas clientes, Andrea, me apresentou a seguinte questão:

"Esse cara com quem comecei a sair é mesmo boa pessoa, tem direcionamento bem consequente e está realmente fazendo todas as ações certas. Minha questão é com respeito à atração física. Não é que eu não me sinta atraída por ele, mas não sinto a quentura inicial que tinha com meu ex. Não quero ser superficial nem que pareça que não estou procurando atributos reais de um cara, mas eu detestaria sacrificar aquele friozinho na barriga. Você encontra muitas mulheres para as quais a atração física tenha se desenvolvido mais tarde e, se encontra, pode me dizer o que pensa?"

Umas das perguntas mais frequentes que me fazem, na condição de *coach* de relacionamento, é a respeito da química inicial entre duas pessoas. Especificamente, minhas clientes querem saber se há algo de errado quando não há aquela faísca inicial de química. E, mais importante: se a chama não estiver lá logo no início, ela pode aparecer com o tempo?

Minha resposta é sempre a mesma. Não. Sim. E pensando bem, talvez.

Tente se lembrar das vezes em que teve uma atração química muito forte por um homem. Se já sentiu, você a *conhece*. Não interessa se você estava em um relacionamento de compromisso com ele, só de rolo, só paquerando ou só amiga, você se lembra do sentimento. A sensação ia mais ou menos assim: repentina, elétrica, inexplicável, induzindo frio na barriga e deixando maluca.

Você me ouviu bem – deixando maluca. Veja, quando você sente algo tão fortemente assim por alguém, a lógica, o raciocínio e a análise racional fogem pela janela. Sem isso, você se vê fortemente amarrada a uma montanha-russa emocional que a arremessa para cima, para baixo, de dentro para fora, de cima para baixo e da frente para trás. É excitante? Sim. Tumultuado? Sem dúvida. E sabe o que é mais? Nauseante.

E vamos ser honestas. Um relacionamento que faz você sentir náusea não vai dar certo muito tempo.

Então, permita-me perguntar: Relembrando os romances do tipo montanha-russa que você teve, quanto tempo durou essa intensidade? Se foi algo platônico/não correspondido, pode ter durado um bocado. Afinal, há algo muito inebriante no desejo não correspondido. Entretanto, trata-se de um vício perigoso que é recomendável curar para que você possa de fato atrair um relacionamento real (Mais adiante detalharei como fazer para chutar longe o amor não correspondido).

As leis da atração 179

Se foi uma relação romântica, por quanto tempo você esteve na viagem de montanha-russa? Um mês? Seis meses? Um ano? Provavelmente depende da sua tolerância para drama e trauma (para não falar em vertigem).

O que inebria quando se tem uma conexão química imediata e intensa com uma pessoa é que isso faz a gente se sentir *sexy*, viva, desejada e inspirada. A dolorosa verdade que se revela com o tempo, quando você acorda para a realidade, é que a chama inicial, que você achou que seria suficiente para manter o relacionamento vivo, na verdade a cegou para uma longa lista de incompatibilidades. E quando o relacionamento acaba? Ele deixa um rastro de cinzas ainda quentes e dolorosas. Ui!

Vamos abrir as cartas em relação à atração. Química sexual imediata e intensa *não é* a base para um relacionamento saudável e duradouro. Se e quando você sentir uma coisa assim tão forte por alguém que acabou de conhecer, pode ser recomendável você considerar uma fuga. Espere. Apague o *pode ser*. Você *precisa* correr o mais rápido que puder para longe do Sr. Errado. Isto é, a menos que goste de limpar lixo nuclear, que é o que vai acabar implodindo seu coração e espirrando para todas as áreas da sua vida com o cara errado. Que sujeira!

Muito bem, você está aí pensando. *Se uma conexão elétrica instantânea não é a matéria-prima de um relacionamento durável, o que é, então?*

Intimidade emocional. Valores compartilhados. Respeito mútuo. E um desejo de compartilhar com alguém mais do que simplesmente uma folia entre os lençóis. Uma necessidade genuína de gastar seu tempo, energia e emoção com alguém. Essas são qualidades que se desenvolvem com o tempo. E quando se desenvolvem, elas levam à intimidade emocional, a uma ligação apaixonada e a uma dose saudável de hormônios.

Para olhos pouco treinados de uma novata no assunto, esse tipo de intimidade estabelecida aos poucos pode não ser tão excitante ou embriagadora como aquele frio na barriga de montanha-russa, mas se sua versão do felizes-para-sempre inclui um relacionamento duradouro e amoroso, essa é uma mudança emocional e intelectual que você precisa fazer. Agora mesmo. Lembre-se disto: uma fagulha instantânea leva a labaredas incontroláveis que levam a um inferno emocional que logo se consome todo em chamas. Mas uma fagulha lenta construída com o tempo tem uma base. Ela leva a uma chama de atração robusta e estável que tem o potencial de arder animadamente durante anos. E isso pode ser muito sensual.

Lei da Atração nº 2:
Identifique *Quando é rápido demais?*

Uma de minhas clientes, Jane, me apresentou a seguinte questão: "Um dos meus maiores medos no que se refere a namorar de novo é imaginar toda essa coisa da intimidade. Quer dizer, quando é rápido demais? E como eu vou saber isso? Socorro!"

Outra pergunta comum que ouço das minhas clientes, especialmente das que voltaram à cena da azaração após *anos em um* relacionamento errado, refere-se ao sexo. Especificamente, quando fazê-lo com uma pessoa nova. Mais especificamente, quando é rápido demais?

Mais uma vez, no que se refere a construir uma base sólida com o Sr. Próximo, uma progressão lenta e firme sempre ganha da gratificação instantânea. E vou dizer por quê. Quando duas pessoas pulam na cama rápido demais, elas com frequência confundem química sexual com compatibilidade emocional (Estive lá e o tracei, certo?). Fisgadas pelo "barato" feromônico de inebriantes sessões de amassos, carícias ousadas e sexo ardente, duas pessoas completamente incompatíveis podem cair e caem na armadilha de pensar que são perfeitas uma para a outra.

Tenho um motivo para usar o termo "armadilha". Essas pessoas simplesmente se tornaram presas da armadilha do sexo. Convencidas de que o tesão que sentem uma pela outra no quarto pode transcender qualquer outra possível incompatibilidade, elas se veem envolvidas em um relacionamento íntimo com alguém que mal conhecem emocionalmente e intelectualmente.

E o que acontece com o mistério do sexo? Ele vai diminuindo e acaba. Quando isso acontece, o desejo vira pó.

E o que você pode fazer para evitar tal destino? Vá devagar com o andor no início. Eu sei, eu sei, estou parecendo a sua mãe. Mas não sou. Sou sua conselheira de relacionamento. E como conselheira, sempre aconselho minhas clientes a irem devagar no início. Deixe o Sr. Próximo querendo mais. Dê a ele um gostinho do que você está oferecendo, mas fundamentalmente adie a transa até que vocês de fato se conheçam bem.

Muito bem, quanto tempo esperar? Depende do moço. Depende de você. Mas, grosso modo, sete a dez encontros *e* um acordo mútuo de exclusividade. Repare que eu disse "e"; você não pode dormir com ele tendo só uma dessas condições.

Vou explicar por quê. Primeiro, você não deve dormir com o Sr. Próximo se não sabe com quem mais ele anda dormindo. O bom senso e o Ministério da Saúde concordam nesse ponto – descubra com quem ele anda permutando fluidos corporais.

Segundo, você não deve dormir com um cara só porque saiu com ele algumas vezes. Quer dizer, você pode fazer isso se quiser, mas eu não recomendo. Veja, o sexo complica o namoro. Tradução: o sexo complica o namoro para as mulheres porque, não importa o que se diga, nós ainda não descobrimos como fazer sexo sem ficarmos emocionalmente ligadas. Assim, por que não adiar a gratificação instantânea por alguns encontros, pelo menos até você dois saberem se querem continuar namorando *e* se estão confortáveis com a ideia de fazer sexo?

Amigas do Facebook participam

Quando perguntei no Facebook *"Até quando é cedo demais para fazer sexo com um rolo novo?"*, eis o que algumas das minhas amigas disseram...

"Espere pelo menos cinco encontros. Dê tempo para o relacionamento crescer, antes de se enfiar na cama com alguém." – MAGGIE

"Uma porção de caras que conheço pela internet tem a expectativa de fazer sexo logo em um dos primeiros encontros. Eu digo a eles 'nem pensar'. Se estiverem dispostos a esperar, ótimo. Se não estiverem, eu passo." – HEATHER

"Não existe cronograma definido. Faça o que parecer certo para o relacionamento. Só não se precipite nem se sinta pressionada. Uma vez que você disser sim, não tem como retirar." – BARBARA

> "Espere o máximo que der. No primeiro encontro definitivamente não, volte ao tempo do colegial e prolooooooooongue a sedução! Faça o moço merecer. Eles preferem isso, de qualquer jeito, mesmo que ajam como se estivessem sofrendo muito." – TRISH

E tem outra coisa. Enquanto você não estiver suficientemente à vontade com um moço para tocar no assunto *Você está saindo com mais alguém?* e, mais importante ainda, *Somos exclusivos?*, você não deve imaginar nem por um segundo que vai estar à vontade para ficar nua na frente dele, e menos ainda para dormir com ele.

O progresso leva tempo e o que quer que seus hormônios lhe digam, nunca é a hora de pular na cama com um homem se você não souber (A) que ele não está saindo com outra e (B) que ele quer exclusividade – isto é, namorar – com você. Se você autenticamente chegar a isso em menos de 7-10 encontros, *mazel tov* (em hebraico, *parabéns* ou *boa sorte*). Transem até cansar. Até lá, pratique a paciência. E a abstinência. Se necessário, invista em algum brinquedinho novo pra você, para prevenir essas crises hormonais.

No que se refere à abstenção de intimidade física no começo do processo do namoro, muitas vezes me perguntam: "Como um cara vai saber se ele quer ficar exclusivamente comigo se não dormimos juntos ainda? Isso não faz parte do processo de decisão dele?".

Muitas mulheres compram essa ideia de que nenhum homem vai se comprometer com elas sem fazer sexo antes. E isso pode ser verdade para alguns homens. Mas, sendo bem sincera, você quer namorar esses caras? Você quer realmente que o seu valor em um relacionamento informal seja colocado apenas na sua disposição de dar, e no seu desempenho?

Se quer, boa sorte. Mas, sério, você não é uma gueixa ou cortesã. Você, minha fantástica amiga, é uma mulher valiosa de carne e osso que pensa. E não precisa dar para provar isso. O Sr. Próximo certo vai esperar. Quanto ao errado, já vai tarde.

Permita-me repetir isso. Você não precisa dar para todos os caras com quem sair, nem tem de dar para um cara para que ele se comprometa com você. Lembre-se, uma de suas novíssimas regras de azaração é que você é uma mestra da pegação em para-

As leis da atração 183

lelo. E você não vai poder sair e dormir com várias pessoas ao mesmo tempo, sem ganhar uma reputação ruim e colocar sua saúde emocional e física em risco. Assim, até você decidir parar de azarar e direcionar sua energia e seu tempo para alguém específico (e só se ele estiver disposto a fazer o mesmo em troca), sexo só pode complicar o jogo. E quem quer tornar esse jogo *mais* complicado?

Lei da Atração nº 3: Amor não correspondido é muito *não sexy*

Digamos então que há um gato pelo qual você está se apaixonando. Ele é gentil, inteligente, adorável e... você não sabe como ele se sente a seu respeito. Tá, ele liga, manda texto e tem tempo pra você. Mas ele está a fim de você? Em vez de perder o seu precioso tempo esperando para descobrir (e, enquanto isso, manter o coração refém de pensamentos ansiosos), para que não lidar de frente com o dilema? Como? Fale com seu querido sobre isso. Sim, é de dar medo, mas não mais assustador do que a ideia de definhar silenciosamente durante anos, presa à esperança de que, um dia, ele caia em si e lhe declare seu eterno amor.

Vamos abrir as cartas quanto ao amor não correspondido. Ele não é real. É na verdade só uma fantasia que fica girando na sua cabeça e pode parecer excitante, mas está na verdade sabotando suas chances de sucesso no relacionamento. Veja, se ficar pendurada em um cara que não tem ideia do seu sentimento, você fecha seu coração para outros caras que podem estar a fim de você.

Portanto, como exatamente você vai abordar o assunto com o moço? Você pode ser direta como eu fui. Depois de anos na esperança e curtição secreta de uma paixão por um bom amigo, um dia eu juntei coragem, liguei para ele e confessei, na lata: "Então, sabe aquela noite em que você me deixou aqui em casa depois do cinema? Eu meio que queria beijar você".

A resposta dele: "É mesmo? Uau. É, já pensei nisso. Não sei. Talvez a gente possa tentar qualquer dia".

E então o meu querido desligou, sumiu e me evitou feito a uma doença durante um mês. Mas ele me fez um favor. Ao me confessar para o objeto da minha paixonite e vê-lo responder do jeito que respondeu, eu me libertei para conhecer outros homens. Um mês depois disso, conheci meu marido. E o resto, como dizem, é história.

Talvez funcione melhor com o seu caso de paixão não correspondida. E talvez não. Mas sendo corajosa para lidar com seus sentimentos e parando com essa coisa de só ficar esperando e desejando, você pavimenta o caminho para o sucesso futuro no relacionamento – seja com o objeto do seu amor ou com alguém inesperado e muito mais fabuloso.

E caso você precise de mais provas para determinar se o seu querido pode ou não ser o amor verdadeiro, eis cinco maneiras de saber se ele está a fim de você:

* Ele a apresentou aos amigos dele.
* Ele sai com você e seus amigos.
* Ele faz planos com você antes.
* Ele regularmente deixa escapar umas tiradas sobre namorar.
* Ele elogia sua aparência toda vez que a vê.

Do outro lado da moeda, eis os cinco principais sinais de que o objeto da sua paixão *não* está a fim de você:

* Ele lhe fala sobre seus encontros com outras mulheres.
* Ele vive mandando mensagens de texto, mas nunca faz planos de se encontrarem.
* Ele esquece seu aniversário e outras ocasiões importantes.
* Ele só faz planos de última hora com você.
* Ele constantemente cancela planos no último minuto.

Revelar-se ao objeto da sua paixão pode ser uma experiência de acabar com os nervos, especialmente se as coisas não correrem como esperado. Mas, repito, pelo fato de colocar as coisas em pratos limpos, você se livra da armadilha dos pensamentos esperançosos em que se atolou e abre espaço no seu coração para a possibilidade de acolher um novo alguém. E, no final das contas, isso é que é importante – tornar-se disponível para os Srs. Próximos adequados e totalmente indisponível para todos os insuspeitos Srs. Errados.

Lei da Atração nº 4:
Entre de cabeça, mas preserve o coração

Muitas vezes, na minha prática de aconselhamento, vejo as mulheres se enamorando de homens que não sentem o mesmo. Sim, o cara gosta dela. Sim, ele está curtindo. Mas está se apaixonando? Não. Ela está? Sim. É por isso que é essencial ter a conversa sobre exclusividade antes de passar para um relacionamento sexual.

Depois de estabelecer intimidade física, é muito mais difícil se desconectar emocionalmente. E você não deve entrar em um novo relacionamento sem saber se você é a única que está entrando. Você é fantástica demais para se engraçar com um homem que não está se enamorando por você, em troca. Assim, da próxima vez em que se sentir tentada a se apaixonar por um cara, você deve a si mesma e ao seu futuro feliz-para-sempre uma conversa com o Sr. Próximo. Veja onde estão os pensamentos, a energia e a intenção dele. Não, você não precisa perguntar na lata se ele está se apaixonando por você. Mas precisa saber se ele está saindo com outras moças, se está procurando um relacionamento exclusivo e se ele vê um futuro possível com você.

Serei clara. Isso não é assunto de conversa no primeiro encontro. Mas é definitivamente material para uma conversação em algum ponto entre o quarto encontro e o café na cama. Repito, se você não se sente à vontade para tocar nesse assunto, então não deve pensar seriamente em dormir com o Sr. Próximo. Use isso como um barômetro de intimidade.

············· **Revisão do capítulo** ·············

1. Na sua vida de azaração, qual a Lei de Atração você tem infringido sem saber?
2. Como vai implementar todas as Leis de Atração em sua vida futura? Faça um plano de ação e siga-o.

Capítulo 16

Sr. Próximo ou Sr. Certo?

Em algum ponto do seu futuro romântico, chegará aquela hora em que você vai conhecer alguém realmente especial. Só a voz dele vai fazer você sorrir. Vê-lo do outro lado de uma sala cheia de gente vai acelerar seu coração. E o tempo que passarem juntos, fazendo o que quer que seja, vai dar uma sensação fabulosa sem nenhum esforço. Quando isso acontecer, você vai pensar: *Será que isso é... poderia ser... será ele o Homem Prometido?*

Por mais excitante e torturante que isso seja, é importante manter a calma. Afinal, você teve muito trabalho para curar seu coração, adotar com sucesso sua solteirice e (espero) dominar a arte da paquera variada. Assim, antes que tudo breque e se interrompa e você decida tornar-se a mulher de um homem só, mudar seu status no Facebook e cancelar suas inscrições nos sites de namoro virtual, pare um minutinho. Volte um passo. Essa é uma grande decisão a ser tomada, e isso não deve ser feito com pressa. Antes que vocês dois deem esse gigantesco salto em direção ao felizes-para-sempre, você precisa primeiro avaliar sua situação. Veja o que está acontecendo de fato e então fale com o Sr. Próximo para determinar se vocês estão pensando a mesma coisa. As diretrizes a seguir irão ajudá-la a ver se essa pessoa especial é o Sr. Certo ou o Sr. Agora Mesmo.

Amor, paixão ou simplesmente perdida?

O primeiro passo para determinar se existe ou não um futuro com o Sr. Próximo é ver se o que vocês têm é um caso de amor-em-treinamento ou só um porção de paixão-com-pimenta. Comece se fazendo as cinco perguntas apresentadas a seguir.

Quanto vocês realmente sabem da vida um do outro?

Você não tem certeza se o que tem é amor ou paixão? Um bom indicador é examinar quanto você *realmente* sabe da vida do Sr. Próximo. Sem dúvida, você deve saber no que ele trabalha e onde mora. Cada um pode até ter o número do outro programado no celular. Mas você conhece os amigos do Sr. Próximo, vocês já passaram fins de semana juntos e foram incluídos na vida diária um do outro? O melhor meio de saber se é amor ou paixão é dar uma olhada honesta e ver quão interconectada sua vida está com a do Sr. Próximo.

Vocês ainda estão no modo início de namoro, encontrando-se uma ou duas vezes por semana para uma atividade romântica programada (jantar, cinema, show e assim por diante) ou dedicam noites e fins de semana inteiros a sair, lavar roupa e fazer compras, etc., juntos? Sendo honesta a respeito do nível em que você e o Sr. Próximo estão se relacionando, você uma ideia e poderá responder melhor se o que têm é algo real ou só apelo sexual. Quanto mais ligadas tenham ficado suas respectivas vidas, mais provável é que você e o Sr. Próximo tenham potencial para um relacionamento de longo prazo.

A conexão física de vocês é mais forte que a conexão emocional?

Algumas vezes é difícil determinar a diferença entre ter desejo por alguém e ter aquilo que faz um relacionamento dar certo. Um fator de decisão é perguntar a si mesma o que é que você e o Sr. Próximo de fato têm em comum. Coisas superficiais como ci-

Sr. Próximo ou Sr. Certo? 189

nema, comida, festas e sessões apaixonadas de amassos muito provavelmente não são suficientes para fazer dar certo um relacionamento de longo prazo. E tudo bem. Mas faça um favor a você e ao Sr. Próximo: o de olhar de forma realista seu relacionamento, começando agora mesmo.

Sinais de que você pode estar envolvida em um relacionamento predominantemente passional com o Sr. Próximo:

* Vocês começaram um relacionamento físico logo nos primeiros encontros (antes de se conhecerem bem um ao outro).
* Embora o tempo que passam entre os lençóis seja magnético, quando passam um tempo juntos vestidos, vocês ficam sem assunto para conversar, lutam para encontrar interesses comuns e você fica imaginando o que se passa na cabeça dele, a maior parte do tempo.
* Quando pensa em um futuro junto com ele, você acha complicado visualizá-lo.

Se os sinais acima lhe pareceram conhecidos, acho que é hora de encarar o fato de que a relação física de vocês está muito mais avançada que a emocional. E, honestamente, não há muito que você possa fazer para remediar essa situação. É por isso que é importante ir devagar com as coisas no início de uma relação romântica nova. Se você mergulha em um relacionamento sexual cedo demais, sabota suas chances de vir a construir uma conexão emocional forte.

Já está metida em um rolo romântico sensual e pesado? Só você pode saber se esse relacionamento pode ser salvo. Respeite seus instintos e reconheça se e quando é hora de diminuir o prejuízo e cair fora. E não se force a tentar fazer algo dar certo simplesmente porque "já dormimos juntos".

Do outro lado da moeda, eis alguns sinais certos de que seu relacionamento é mais do que um entusiástico caso de paixão:

* Você e o Sr. Próximo arranjam tempo um para o outro regularmente.
* Você e o Sr. Próximo conversam e se mandam mensagens de texto e/ou e-mail ao longo do dia.

A fila anda! Mulheres poderosas não choram

*   Se vocês já têm intimidade, você e o Sr. Próximo geralmente passam a noite toda juntos (assim como a maior parte da manhã seguinte).

Não importa em qual cenário você se ache envolvida, é importante ser franca a respeito de sua situação. Não viva em recusa nem tente fingir que o que está acontecendo é diferente do que realmente é. Sendo honesta a respeito da abrangência dos seus verdadeiros sentimentos pelo Sr. Próximo (e vice-versa), você evita que vocês machuquem um ao outro no final de contas. E é isso que realmente tem importância.

Vocês compartilham objetivos de vida, sonhos e ambições?

Antes que as coisas fiquem muito quentes entre você e o Sr. Próximo, é bom saber quais são os objetivos de longo prazo, os sonhos e ambições dele. Afinal, você pode não querer investir seu tempo e energia, nem desenvolver intimidade física e emocional com alguém que não tem uma visão de futuro semelhante à sua. Coisas que é recomendável saber:

*   Quais os objetivos que cada um de vocês tem para um relacionamento de longo prazo? Eles batem?
*   Você e o Sr. Próximo compartilham as mesmas prioridades em relação ao estilo de vida (carreira, casa, casamento etc.)?
*   Você e o Sr. Próximo têm valores éticos e morais semelhantes?
*   Você e o Sr. Próximo compartilham as mesmas convicções, objetivos e prazos, no que diz respeito a querer constituir família?

Embora possa ser intimidante abordar esses tópicos de conversa nos primeiros estágios de um relacionamento, é importante entrar no assunto e lidar com eles logo. Por quê? Porque isso força você *e* o Sr. Próximo a se comunicarem de forma aberta e honesta, com a esperança de reduzir o tempo perdido e as mágoas. Além disso, se vocês já estão começando a se envolver em uma paixão física (ou estão considerando seriamente dar esse salto), é recomendável ter certeza de que a energia emocional e os objetivos de longo prazo de ambos são compatíveis também.

Os sentimentos são mútuos?

Ainda que você possa sentir que as coisas estão navegando tranquilamente rumo ao felizes-para-sempre, o Sr. Próximo pode ter ideia diferente. É essencial saber qual é a do Sr. Próximo o mais rápido possível, melhor do que se achar no caminho do *Sim, juro* e descobrir, depois chegou, que está nele sozinha. Isso não significa ter uma conversa sobre compromisso no primeiro encontro, nem significa dar um ultimato em relação à exclusividade no encontro número 3. Mas, à medida que se vê ficando cada vez mais intimamente envolvida, você precisa saber onde pisa. E a única maneira de descobrir é ter a coragem de expressar seus sentimentos e perguntar ao Sr. Próximo como ele se sente. Se o sentimento não for mútuo – isto é, se um de vocês estiver interessado em um relacionamento físico casual, enquanto o outro quer um futuro juntos –, é melhor saber antes de estar envolvida demais, tanto física como emocionalmente.

Tornar-se intimamente envolvida com um novo alguém é excitante, animador e possivelmente doloroso, se vocês não estiverem pensando a mesma coisa. É importante avaliar o que está de fato acontecendo já no início do relacionamento, identificar de onde vocês estão vindo e determinar se são ou não compatíveis para dar certo a longo prazo. Se e quando você se perceber em um caso de puro desejo sexual, compete-lhe agir de acordo com suas vontades e necessidades. Se descobrir que sua paixão tem potencial para relacionamento futuro, ótimo! Você pode muito bem estar a caminho de seu novo e aperfeiçoado felizes-para-sempre.

Sinal vermelho ou sinal verde?

Bem, agora que você determinou se o que você e o Sr. Próximo compartilham é amor ou muito provavelmente nunca vai passar de um forte caso de desejo, é hora de procurar outros sinais importantes de que ele possa ser de fato o Sr. Certo. Comece se fazendo as perguntas importantes a seguir.

Você está ouvindo seus instintos?

Sim, ele é atraente. Engraçado? Claro! E ele até mesmo tem um emprego. Mas o que *mais* o Sr. Próximo é e que você talvez ignore? A verdade é que, no nosso afã de redefinir e vivenciar nosso futuro felizes-para-sempre, às vezes podemos fechar o olho para quem o moço realmente é. Por exemplo...

* Você está ignorando o comportamento em geral rude e grosseiro do Sr. Próximo para com garçons, taxistas e atendentes porque, bem, ele é tão tremendamente gentil com você?
* Você olha para o outro lado quando o olhar do Sr. Próximo passeia pelas outras garotas bonitas do ambiente, porque, conquanto olhe, ele não toca (exceto no seu caso, é claro)?
* O cartão de crédito dele geralmente é recusado, ele pede dinheiro emprestado e/ou parece que as finanças dele estão constantemente em estado de crise?
* Ele chega sempre atrasado, está constantemente falando ao telefone ou de alguma outra maneira mostra desrespeito por você nos encontros ou entre encontros?

Eis a dura verdade sobre o namoro. Os homens não pretendem necessariamente ser babacas, mas se eles acharem que podem se safar com alguma coisa, muitos vão tentar. Se você continua lá e aguenta o tratamento ruim, inclusive desrespeito, crítica constante ou indisponibilidade emocional geral do Sr. Próximo, você silenciosamente desculpa o mau comportamento dele. Por outro lado, se você decidir cair fora, chamar um táxi e ir correndo para casa quando ele se comportar mal, o Sr. Próximo logo vai aprender o que é e o que *não* é aceitável para você. Se ele mudar de modos, pode ser um potencial Sr. Certo. Se não mudar, não vale nem a energia necessária para terminar via mensagem de texto.

Assim, da próxima vez que seu instinto der avisos em relação ao Sr. Próximo, cabe a você agir de acordo. Mesmo que ele *seja* incrivelmente encantador. Mesmo que ele tenha acabado de dizer que quer levar você para viajar no fim de semana. E principal-

Sr. Próximo ou Sr. Certo?

mente se ele pedir dinheiro emprestado pela enésima vez e você souber que ele nunca vai devolver.

Você se tornou uma especialista em bandeira vermelha?

As solteiras espertas vêm equipadas não só com essas sensações de instinto que devem ser respeitadas, mas também com um sistema de alarme eficaz que alerta para as bandeiras vermelhas. Muitas vezes o volume de som desse sistema de alarme é diminuído (ou desligado!). Em consequência, você ignora as bandeiras vermelhas e se vê envolvida com parceiros inconvenientes, porque opta por não prestar atenção. Para diferenciar bem entre o Sr. Próximo e o Sr. Certo, é essencial tornar-se uma especialista em bandeiras vermelhas. Isso significa que você *tem de* prestar atenção a elas à medida que o Sr. Próximo as revela.

Eis aqui alguns exemplos de comportamentos bandeira-vermelha para os quais você deve estar alerta.

* Embora o Sr. Próximo alegue que quer um relacionamento de compromisso e de longo prazo, ele está na faixa dos 40, nunca se casou, farreia todo fim de semana e mal tem tempo para você (nem para outra mulher) em sua vida.
* Mesmo que ele alegue que não está saindo com mais ninguém, você percebeu algumas mensagens de texto picante de outras mulheres, no celular dele. Quando você o questiona a respeito dessas mensagens, ele diz que não sabe do que você está falando e a acusa de ser uma xereta não confiável.
* Ele diz que gosta do emprego, mas está sempre estressado, mal-humorado e emocionalmente fechado após um dia no escritório.
* Ele diz que vai ligar, ou mandar e-mail ou mensagens, mas não faz o que disse – por semanas! E quando o faz, espera que você largue tudo e esteja à disposição dele.

Num mundo perfeito, você pode confiar na palavra de um homem. Entretanto, neste novo milênio, você tem de ser meio

194 A fila anda! Mulheres poderosas não choram

que uma superdetetive no mundo da azaração. Isso significa prestar atenção não só no que um homem diz, mas na sua maneira de dizer e se suas ações estão de acordo com as palavras; se ele tem tempo para você, como ele a trata e como interage com o resto do mundo. Se as ações dele não se alinham às palavras, reconheça essa bandeira vermelha e respeite seus instintos quando lhe dizem para se afastar (correndo!).

Algum de vocês está fazendo joguinhos desnecessários?

Sendo uma solteira bem resolvida, você deve a si mesma e ao Sr. Próximo não se dedicar a joguinhos. E vice-versa. Isso significa que você liga quando diz que vai ligar, faz o que diz que vai fazer e é sincera quando o Sr. Próximo pergunta se você quer sair com ele de novo. Se você não quer vê-lo de novo, diga isso de forma delicada e com consideração. Sendo honesta e dispensando o moço de forma educada, você está evitando joguinhos. Espere a mesma atitude em troca. E se você for vítima de joguinho, não desconte suas frustrações em cima do próximo Sr. Próximo.

Os cinco sinais principais de que ele pode ser o Sr. Certo

Ok, então você avaliou a compatibilidade física e emocional de vocês, deixou claro para si como o Sr. Certo vai e não vai se comportar, e está conseguindo entender mais claramente se o Sr. Próximo se qualifica como pretendente a esse posto. O próximo passo é ver como o comportamento do Sr. Próximo se compara com as cinco qualidades essenciais que o Sr. Certo tem. Leia as explicações a seguir.

Qualidade nº 1: Ele a ouve

A melhor maneira de saber se o Sr. Próximo está interessado em (e é digno de) ser candidato a Sr. Certo é ver se ele *ouve* você. Você vai saber que ele está ouvindo quando ele mostra interesse genuíno, lembra as coisas que você lhe contou (seu aniversário, comida favorita, nome da melhor amiga e assim por diante) e oferece apoio emocional de forma franca e atenciosa. Se o seu Sr. Próximo atual mostra os sinais de um ouvinte atencioso, ele permanece na disputa para se tornar Sr. Certo.

Qualidade nº 2: Vocês se sentem à vontade sem esforço

Todas nós já estivemos naqueles relacionamentos que exigem ESFORÇO (e consomem nossa força vital). Quando uma relação funciona sozinha, a sensação é de falta de esforço, facilidade e fluidez. Você não tem de forçar nada, perdoar nada, nem tem de fechar os olhos para bandeiras vermelhas ou pontadas de instinto. Ao contrário, você e o Sr. Próximo se comunicam e colaboram com bem-estar, compatibilidade e uma química inegável. Se e quando você experimentar esse tipo de interação com o Sr. Próximo, pode estar vivendo algo realmente especial.

Qualidade nº 3: Você não tem de fazer concessões quanto àquilo que é

Muito frequentemente, as mulheres sentem a necessidade de sacrificar alguma parte de si para fazer um relacionamento funcionar. No relacionamento certo, não há essa necessidade. Você não tem de esconder, diminuir ou se desculpar por nenhum aspecto da sua vida fantástica. Com o parceiro certo, você não apenas pode ser você mesma, mas tem até mais capacidade de ser a melhor versão do seu eu mais autêntico, sem precisar fazer concessões.

Qualidade nº 4: Você confia nele

Um relacionamento sem confiança está condenado desde o início. Mas um relacionamento com confiança abundante tem uma base fabulosa para o amor real e duradouro. Construída ao longo do tempo, a confiança se baseia na simples convicção de que o Sr. Próximo preza os seus interesses e nunca vai machucá-la intencionalmente (e vice-versa). Se e quando descobrir que o Sr. Próximo é 100% confiável, você não achará difícil entregar seu coração a ele. Em troca, ele muito provavelmente lhe dará seu coração e pavimentará o caminho para o desenvolvimento de um relacionamento amoroso duradouro.

Qualidade nº 5: Ele enriquece a sua vida

No relacionamento errado, seu parceiro acaba com você, te apaga e, geralmente, consome sua energia. No relacionamento certo, o Sr. Próximo enriquece a sua vida, te inspira a mostrar o melhor de si e normalmente lhe traz uma sensação de paz e possibilidade. Você vai saber que o Sr. Próximo está enriquecendo sua vida se e quando ele estimular e apoiar você profissional, pessoal e espiritualmente. E se faz isso, ele pode muito bem ser o Sr. Certo!

Sr. Próximo, apresento-lhe o Sr. Certo

E, finalmente, uma vez que você tenha avaliado se se trata de desejo ou possivelmente amor, tiver examinado seu emergente romance com o Sr. Próximo para ver se há bandeiras vermelhas ou mal-estar instintivo e o tiver medido em comparação às cinco principais qualidades que o Sr. Certo possui, é hora de tomar sua decisão final. O Sr. Próximo é digno do título de Sr. Certo?

Se todos os sinais apontarem para *Iurruu!*, parabéns! Você fez sua lição de casa, escolheu sabiamente e está agora bem posicionada para o sucesso (E se não for o caso, levante, sacuda a poeira e volte à arena). É claro que ainda existe um obstáculo final que você e o Sr. Próximo precisam ultrapassar. É hora de fazer a pergunta importantíssima...

"Aonde você acha que isto vai dar?"

Reconhecidamente, esta é uma das perguntas mais amedrontadoras que você pode fazer ao Sr. Próximo. E, no entanto, se você estiver no estágio em que está pensando em dar seu coração a ele, tem de ser corajosa e ousada e se lançar. Seguem abaixo alguns conselhos valiosos quanto ao que fazer e não fazer:

Não: Traga o assunto quando souber que o tempo é curto.

Sim: Traga o assunto informalmente, quando os dois estiverem relaxados.

Não: Entre nessa conversa com raiva, lágrimas ou negatividade.

Sim: Fale a partir de um lugar de gentileza, compaixão e franqueza.

Não: Faça exigências, não use chantagem emocional nem lance ultimatos.

Sim: Ame-se o suficiente para perguntar de forma confiante.

Não: Tente convencê-lo do que não sente.

Sim: Respeite a si mesma o suficiente para lidar com dignidade com a resposta dele, qualquer que ela seja.

Seguindo essas diretrizes, você verá que a conversa sobre exclusividade não vai ser nada de mais. Se você e o Sr. Próximo estiverem alinhados e os dois quiserem avançar no relacionamento, fantástico! Você conseguiu encontrar o Sr. Certo (Se não, é melhor saber agora do que esperar até estar mais ligada a ele emocional e fisicamente).

E para onde você e o Sr. Certo vão, a partir daqui? Irão passo a passo em direção ao seu fabuloso futuro felizes-para-sempre. Lembre-se de que ele não será sempre um céu de brigadeiro, mas, respeitando um ao outro, comunicando-se tão aberta e sinceramente quanto puderem, e relacionando-se a partir de um lugar de gentileza e compaixão, vocês estarão no bom caminho para uma vida conjunta feliz.

·············· *Revisão do capítulo* ··············

1. Está pronta para submeter seu relacionamento iniciante ao teste de "amor ou desejo"? Recapitule as cinco perguntas que determinam se é amor ou desejo. Em que situação estão você e o Sr. Próximo?
2. Existem bandeiras vermelhas ou avisos do instinto, no seu relacionamento iniciante, que você esteja ignorando? Se existirem, seja franca e os identifique, antes de seguir estrada adiante com o Sr. Próximo.
3. Faça um teste a respeito do Sr. Próximo, identificando quantas das cinco qualidades de Sr. Certo ele possui.

Conclusão

Dá para acreditar que você chegou ao fim do livro? Eu sinto que nossa jornada juntas está apenas começando – e sinto isso porque está. Primeiro, quero parabenizá-la por ser uma estrela e ter lido tudo até o fim. Sei que muito provavelmente você quis algumas vezes fechar o livro e passar para alguma coisa que desse menos trabalho. Mas não fez isso. E eu admiro.

Quer você saiba ou não, afastar-se da dor do passado rumo a um futuro mais esperançoso é um dos presentes mais recompensadores que você pode se dar na vida. E ele não deve terminar quando você fechar este livro. Este é realmente só o começo de toda uma jornada feliz-para-sempre, para você. E eu gostaria de ser sua guia. Convido-a a visitar ifhesnottheonewhois.com. Lá você vai encontrar alguns recursos valiosos e bônus GRATUITOS que eu sei que vai amar. Fique à vontade para me mandar recados dizendo como vai indo sua jornada; você pode fazer isso. A escolha é sua. Saiba que estou sempre aqui à sua disposição, e que seu futuro brilhante está pronto, esperando que você o descubra.

Ao seu sucesso!
Beijos e abraços,
Lisa

Lisa Steadman na rede!

Conteúdo de apoio disponível (em inglês):

Eu criei só para você – GRÁTIS – um audiolivro e uma série de áudio com três partes.

Vá ao ifhesnottheonewhois.com/bonus e baixe esses recursos extras agora!

Quer compartilhar seus resultados comigo?

Entre na minha *fanpage* do Facebook e envie-me uma mensagem dizendo o que está achando do livro até agora. Eu adoraria ouvir sua opinião!

Apoio adicional para obter a libertação dos contos de fadas.

Você precisa de ajuda para desistir dos contos de fadas e outras armadilhas? Coloque suas questões em um e-mail e o envie para mim no endereço *ask@lisasteadman.com*.

Orientação em inglês para o exercício "Como eu quero ser amada?".

Se preferir ter orientação, há uma versão em áudio (em inglês) do exercício que você pode acessar gratuitamente em *www.ifhesnottheonewhois.com/bonusaudio.*

Este livro foi impresso pela
Mark Press Brasil em papel offset 75 g.